AF638515

Timon Menge

DIE TOTEN HOSEN

ÜBER 40 JAHRE PUNKROCK

Timon Menge

DIE TOTEN HOSEN

ÜBER 40 JAHRE PUNKROCK

Von Pionieren des Punks zur Kultband

riva

Bibliografische Information der Deutschen Nationalbibliothek
Die Deutsche Nationalbibliothek verzeichnet diese Publikation in der Deutschen Nationalbibliografie. Detaillierte bibliografische Daten sind im Internet über http://d-nb.de abrufbar.

Für Fragen und Anregungen
info@m-vg.de

Wichtiger Hinweis
Ausschließlich zum Zweck der besseren Lesbarkeit wurde auf eine genderspezifische Schreibweise sowie eine Mehrfachbezeichnung verzichtet. Alle personenbezogenen Bezeichnungen sind somit geschlechtsneutral zu verstehen.

Originalausgabe
2. Auflage 2024
© 2023 by riva Verlag, ein Imprint der Münchner Verlagsgruppe GmbH
Türkenstraße 89
80799 München
Tel.: 089 651285-0

Alle Rechte, insbesondere das Recht der Vervielfältigung und Verbreitung sowie der Übersetzung, vorbehalten. Kein Teil des Werkes darf in irgendeiner Form (durch Fotokopie, Mikrofilm oder ein anderes Verfahren) ohne schriftliche Genehmigung des Verlages reproduziert oder unter Verwendung elektronischer Systeme gespeichert, verarbeitet, vervielfältigt oder verbreitet werden. Wir behalten uns die Nutzung unserer Inhalte für Text und Data Mining im Sinne von § 44b UrhG ausdrücklich vor.

Redaktion: Selina Hartmann
Umschlaggestaltung: Sabrina Pronold
Umschlagabbildung: picture alliance/United Archives | TBM
Satz: feschart print- und webdesign, Michaela Röhler, Leopoldshöhe
Druck: GGP Media GmbH, Pößneck
Printed in Germany

ISBN Print 978-3-7423-2483-2
ISBN E-Book (PDF) 978-3-7453-2260-6
ISBN E-Book (EPUB, Mobi) 978-3-7453-2261-3

Wir produzieren nachhaltig
www.m-vg.de

Weitere Informationen zum Verlag finden Sie unter
www.rivaverlag.de
Beachten Sie auch unsere weiteren Verlage unter www.m-vg.de

INHALT

VORWORT

Oktober 2004 auf dem Schulhof eines Kölner Gymnasiums. Ein Kumpel und ich stehen morgens vor dem Unterricht in der bitteren Kälte, teilen uns ein paar billige In-Ear-Kopfhörer und lauschen gebannt dem neuesten Album der Toten Hosen. *Zurück zum Glück* heißt die Platte, und sie konfrontiert uns mit vielen Fragen. Wer definiert hier die Moral? Was kann man tun, wenn das »Herz brennt«? Wie wahrscheinlich machen Drogen Spaß? Wie kommt der Wal zurück ins Meer? Reichlich Input für unsere 14-jährigen Gehirne, doch die Texte der Düsseldorfer faszinieren uns.

Es ist eine Geschichte, wie sie wahrscheinlich viele Deutsche erzählen können. Seit mehr als 40 Jahren sind die Toten Hosen ein fester Bestandteil der deutschsprachigen Popkultur. Sie waren da, als im November 1989 die Mauer fiel, als Deutschland 1990 Fußballweltmeister wurde, als Helmut Kohl im Jahr 1998 nach 16 Jahren den Posten des Bundeskanzlers räumen musste, als Deutschland 2014 noch einmal das WM-Finale gewann und als im Jahr 2021 die 16-jährige Kanzlerschaft von Angela Merkel endete. 17 Studioalben haben die Toten Hosen veröffentlicht; zwölf von ihnen landeten auf Platz eins der Albumcharts. Sie standen für mehr als 1.400 Konzerte auf der Bühne, nicht nur im deutschsprachigen Raum, sondern auch in Argentinien, Australien, Chile, Japan, Peru, Kuba, Mexiko, China, Großbritannien, Uruguay, Finnland, Myanmar, Polen und Ungarn. Sie spielten mit den Rolling Stones, AC/DC, Metallica und U2. Sie traten illegal in der DDR auf. Sie haben Joey Ramone seine erste goldene Schallplatte beschert, Uli Hoeneß auf die Palme gebracht und Angela Merkel hat sich bei ihnen entschuldigt. Nur wenigen wird eine solche Geschichte zuteil – und da gibt es natürlich allerhand zu berichten.

In über 40 Jahren Bandhistorie kommen jede Menge Anekdoten zusammen, von Punkrock und Chart-Hits, von Rausch und von Nüchternheit, von Fußball und von Fernsehauftritten. Ob ich 2004 auf dem Schulhof des Kölner Gymnasiums gedacht hätte, dass ich die Geschichten der Toten Hosen knapp 20 Jahre später für ein Buch aufschreiben würde? Gewünscht habe ich es mir. Ich wollte schon früh Musikjournalist werden. Und die Hosen sangen bereits 1993: »Es kommt die Zeit, in der das Wünschen wieder hilft.«

EINFÜHRUNG

Im Bestfall lesen nicht nur Hardcore-Hosen-Fans dieses Buch, sondern auch jene, die bisher nur »Tage wie diese« kennen. Ihr Hardcore-Fans wisst sowieso Bescheid. Und liebe Neulinge: Euch möchte ich vorab eine kurze Einführung geben, damit ihr wisst, mit wem ihr es nun über 100 Seiten lang zu tun haben werdet.

In ihren Ursprüngen beginnt die Geschichte der Toten Hosen im Jahr 1978. Damals ruft Sänger Andreas Frege alias Campino die Düsseldorfer Punkband Zentralkomitee Stadtmitte (kurz: ZK) ins Leben. 1980 steigt auch Gitarrist Andreas von Holst alias Kuddel in die Gruppe ein; der spätere Hosen-Bassist Andreas Meurer alias Andi ist bereits als Roadie dabei. Als sich ZK im Jahr 1981 auflösen, bleiben die drei zusammen. Ein Jahr später gründen sie mit Schlagzeuger Klaus-Peter Trimpop alias Trini Trimpop und Gitarrist Walter Hartung alias Walter November die Toten Hosen.

Die anfänglichen Besetzungskapriolen lauten wie folgt: Hartung steigt 1983 aus; stattdessen übernimmt Michael Breitkopf alias Breiti die zweite Gitarre. 1985 wechselt Trini Trimpop vom Schlagzeughocker auf den Managementsessel. Die Trommelstöcke übernimmt Jakob Keusen. Auch er bleibt nicht lange an Bord und übergibt seinen Job 1986 an Wolfgang Rohde alias Wölli. Dieser wird den Hosen 13 Jahre lang als Schlagzeuger erhalten bleiben. Als auch er den Dienst quittieren muss, rückt der Brite Stephen George Ritchie alias Vom Ritchie nach, der bis heute dabei ist.

Ihr Debüt *Opel-Gang* veröffentlichen die Toten Hosen im Jahr 1983. Ihr fünftes Album *Ein kleines bisschen Horrorschau* (1988) markiert bereits einen kleinen Durchbruch, bevor sie mit ihrer sechsten Platte *Auf dem Kreuzzug ins Glück* (1990) komplett durchstarten. Legendäre Alben wie *Kauf mich!* (1993), *Opium fürs Volk* (1996), *Auswärtsspiel* (2002), *In aller Stille* (2008), *Ballast der Republik* (2012) und *Laune der Natur* (2017) folgen. Eine deutsche Musikwelt ohne die Toten Hosen? Undenkbar.

In mehr als 40 Jahren haben die Toten Hosen die wildesten Geschichten erlebt. Einige davon erzähle ich in diesem Buch. Vom ersten Konzert über illegale Shows hinter dem Eisernen Vorhang, klamaukige Filmauftritte, Dispute mit britischen Radiolegenden und Fußballbossen, lautstarke Proteste, Reisen nach Italien, große Erfolge in Argentinien und Missgeschicke in Kuba, extravagante Eishockeyspiele, Auftritte mit den Stones und AC/DC, eine eigene MTV-Sendung und Telefonate mit Angela Merkel bis hin zu den ersten Konzerten in China: Es gibt wohl kaum etwas, das die Toten Hosen noch nicht erlebt haben. Das »Best Of«, quasi das »Reich & Sexy« der Hosen-Anekdoten, habe ich in diesem Buch zusammengestellt.

Geordnet sind die Geschichten teilweise chronologisch, vor allem aber nach Sinnhaftigkeit. In einer 40-jährigen Bandgeschichte gibt es schlicht zu viele Querverweise, um eine Anekdotensammlung stur nach Zeitstrahl anzuordnen. Denn manchmal spielen Ereignisse von 1983 im Jahr 2022 plötzlich noch einmal eine Rolle. Und bisweilen gewinnt ein Konzert an Bedeutung, wenn eine der Anwesenden Jahre später zur Präsidentin der Europäischen Kommission wird.

Eine komplette Biografie kann dieses Buch ohnehin nicht sein. Wie auch? Doch ich hoffe, dass die Anekdoten, die ich zusammengestellt habe, die ein oder andere Überraschung bereithalten – für Hosen-Fans, die von Anfang an dabei waren, und für alle, die die Düsseldorfer Punklegenden gerade erst für sich entdecken.

UNTER DER SONNE KALIFORNIENS

Ein spontaner Besuch im Düsseldorfer Plattenladen, zahlreiche Abende in der legendären Künstlerkneipe »Ratinger Hof« und eine familienbedingt enge Verbindung zur britischen Punkszene: Mit all dem kann in den Anfangstagen vor allem Campino glänzen, weil er in Düsseldorf zur Schule geht. Außerdem hat er einen großen Bruder, der des Öfteren die Insel bereist und von dort Platten mitbringt. 1976 hatte er Campino sogar mit nach London genommen und ihn für immer mit dem Punkvirus infiziert. Andi hingegen drückt in Mettmann die Schulbank und kann dadurch nicht ganz so viel Punkluft schnuppern wie sein Kumpel Campi. Doch als Andi für ein Jahr an die Wilson High School nach Los Angeles geht, ändern sich die Verhältnisse – und er bringt jede Menge Eindrücke mit nach Deutschland.

Die Germs, die Dead Kennedys, Black Flag, Social Distortion: Von Ende der Siebziger bis Anfang der Achtziger floriert der Punk nicht nur in Großbritannien, sondern auch an der Westküste der Vereinigten Staaten. Kein Wunder also, dass sich Andi riesig freut, als er erfährt, dass er im Rahmen eines Schüleraustauschs nach Los Angeles reisen darf. Für seinen Ausbruch gibt es auch familiäre Gründe: Immer wieder streitet sich Andi mit seinem Vater; 1979 ist es so weit, dass die beiden kaum noch miteinander reden. Vater Meurer wiederum denkt: »Vielleicht kommt er in Amerika ein bisschen weg von dieser Punkmusik!« Doch genau die interessiert Andi in L.A. natürlich ganz besonders. Er taucht in die Konzertwelt am Sunset Boulevard ein und besucht weitere Hotspots der

Szene; seine Zeit in den Staaten gleicht einer Art Punkfortbildung. Mehrfach nimmt er dafür stundenlange Busfahrten durch Kalifornien in Kauf oder nutzt Mitfahrgelegenheiten, da er in den Staaten aus Versicherungsgründen keinen Führerschein machen darf. Meistens besucht er die Konzerte alleine, denn die Kids an seiner Schule haben nicht viel Interesse an Punk.

Als Andi im Sommer 1980 zurückkehrt, ist er um eine Menge Erfahrungen und Platten reicher – und als er 1982 die Toten Hosen mitgründet, bringt er all diese Erlebnisse und Einflüsse mit ein. Auch den Bass, den Andi in den USA eigentlich nur als Souvenir gekauft hatte, lernt er im Zuge der Bandgründung besser kennen, wie Campino in einer Talkshow verrät.

Nicht zuletzt prägt Andis Zeit in Kalifornien den anfänglichen Kleidungsstil der Toten Hosen. So bedient er sich während seines Austauschjahres in den Second-Hand-Läden von Los Angeles, wo es zu jener Zeit allerhand Hippie-Kleidung zu kaufen gibt. Die Hippie-Ära ist damals schon längst abgefrühstückt, doch die Klamotten gefallen dem jungen Musiker aus Mettmann. Er bringt die bunten Unikate mit nach Deutschland. Sie werden später zu einem Markenzeichen der frisch gegründeten Toten Hosen.

AUF NACH BREMEN

»Meine Damen und Herren, die Toten Hasen!« – So oder so ähnlich werden die Toten Hosen bei ihrem allerersten Konzert am 10. April 1982 angekündigt. Ob der Fehler mit der zeitlichen Nähe zu Ostern oder mit einem

Fauxpas zusammenhängt, ist nicht überliefert. Zeitweise glaubt Campino sogar an Absicht und vermutet, der Veranstalter habe sich einen Scherz mit der Band erlaubt. Doch ob Hasen oder nicht: Für Campino und Co. markiert der Gig im »Bremer Schlachthof« einen wichtigen Startpunkt auf dem Weg zum Rockolymp.

Als Andreas Frege, Andreas von Holst, Andreas Meurer, Trini Trimpop und Walter November zu Beginn des Jahres 1982 in der Düsseldorfer Kneipe »Ratinger Hof« sitzen, ist Punk eigentlich kein Thema mehr. Die Sex Pistols haben ihren kurzen Höhenflug längst hinter sich, auch die Ramones verlieren zu jener Zeit an Popularität. Trotzdem wollen die fünf jungen Männer bei Bier und Kneipenatmosphäre eine neue Band starten. Punk soll es sein, genauso wie das Vorgängerprojekt ZK. Nur wenige Wochen später fahren die Freunde für ihren ersten Auftritt nach Bremen.

In der Hansestadt hat damals gerade ein neues Kulturzentrum eröffnet: der »Schlachthof«. Den Toten Hosen ist das egal. Sie sind nur froh, dass ihnen jemand Spritgeld zahlt. Schon vor dem Konzert geht es hoch her, Bier und Bommerlunder fließen in Strömen. Vor Ort angekommen, stellen die Hosen ein üppiges Fußballspiel mit allen Anwesenden auf die Beine. Das Konzert selbst sei gar nicht so wichtig gewesen, erzählt Campino später in einem Interview. Kurz nach dem Freizeitkick stellt die Chaosbande fest, dass bei der Übermittlung des Bandnamens ein Fehler aufgetreten sein muss. »Die Toten Hasen«, steht auf einem Banner am »Schlachthof«. Doch was soll's, die Düsseldorfer lachen darüber. Der falsche Name passt zum Credo der Gruppe, die ihren Bandnamen ohnehin mit einem Augenzwinkern ausgewählt hatte – unter anderem aufgrund der bunten Hosen, die Andi aus Kalifornien mitgebracht hatte. Sogar Namen wie Die Pariser und Die Tangobrüder waren vorher im Gespräch gewesen. »Das Konzept besteht darin, wie Verlierer auszusehen, die Erwartungen herunterzuschrauben, aber schließlich die Zuschauer zu verblüffen«, schreibt die Band auf ihrer Website. Das gelingt den Düsseldorfern am 10. April 1982 allemal. Die jungen Musiker schrammeln sich durch ihre acht Songs, vor der Bühne wird fleißig Pogo getanzt. Im Publikum sieht man grüne und gelbe Haare, kaputte Jeans und zerrissene T-Shirts. Etwa 100 Zuschauer sind beim ersten Konzert der Toten Hosen anwesend – viele von ihnen vermutlich deshalb, weil es sich bei den Hosen um eine ZK-Nachfolge-Gruppe handelt. Keiner von ihnen kann wissen, wie geschichtsträchtig dieser Auftritt einmal werden wird. »Wir haben ein durchwachsenes Set hingelegt«, erinnert sich Campino in einem Interview. »Die Leute haben es mit Anstand ertragen, was wir ihnen geboten haben.«

Am Tag nach der zünftigen Party treten die Toten Hosen die Heimreise ins Rheinland an – mit einem dicken Schädel, aber glücklich. Der große Durchbruch gelingt ihnen mit ihrem ersten Konzert noch nicht. Doch es soll nicht mehr allzu lange dauern, bis wirklich jeder in Deutschland schon einmal von den Toten Hasen … äh … Hosen gehört hat.

HINTER DEM EISERNEN VORHANG

Nicht einmal ein Jahr nach ihrem allerersten Konzert im »Bremer Schlachthof« wagen die Toten Hosen ein Unterfangen, für das sie im Gefängnis landen können. Im März

1983 reisen die Düsseldorfer in die DDR ein und spielen im Gemeindehaus der Erlöserkirche in Berlin-Rummelsberg das erste illegale ostdeutsche Konzert einer westlichen Rockband. Davor, währenddessen und danach muss einiges passieren, um den Auftritt zu ermöglichen.

Zu Beginn der Achtzigerjahre sind die Mitglieder der Toten Hosen um die 20 Jahre alt und haben gerade erst zusammengefunden. Doch schon in ihrem ersten gemeinsamen Jahr planen sie einen Ausflug, der ihnen mächtig Ärger einhandeln kann. Bei einem Konzert in Bochum lernen sie Mark Reeder aus Manchester kennen, einen Exzentriker, der meist Militäruniformen trägt und zum Live-Mischer der Hosen wird. Außerdem pflegt er Kontakte nach Ost-Berlin. Ob Campino und Co. nicht gerne mal dort spielen würden, möchte er wissen. Verbotenerweise in Ost-Berlin aufzutreten, an allen Autoritäten vorbei – das hätte sich die Band natürlich auf gar keinen Fall entgehen lassen wollen, berichtet Gitarrist Breiti in einem Interview. Die Düsseldorfer sagen zu und das Abenteuer beginnt.

Unterstützung erhalten die Punks ausgerechnet von der Kirche, die in der DDR unter dem Deckmantel der Religionsfreiheit eine Sonderstellung einnimmt. Beim Biertrinken mit einem Hippie erfährt Reeder: In der Erlöserkirche in Rummelsberg finden regelmäßig sogenannte Blues-Messen statt, bei denen auch Live-Musik gespielt wird. »Das war ein Gottesdienst in der Kirche, aber sie konnten dort Songs von Bob Dylan und Eric Clapton spielen«, erinnert sich der Engländer in einem Interview. Das sei eine Art stiller Protest gegen das System gewesen und die DDR-Regierung habe ihn geduldet. Reeder spricht einen Pfarrer der Kirche an und fragt, ob er ein Konzert veranstalten darf. Zunächst möchte er mit seiner eigenen Punkgruppe Die Unbekannten in der Kirche spielen. Der Pfarrer entgegnet vielsagend: »Das wäre vielleicht möglich, aber es wäre ein Gottesdienst, kein Konzert.« Der »Gottesdienst« von Die Unbekannten geht erfolgreich über die Bühne; die DDR-Regierung denkt, dass es die Ostgruppe Planlos ist, die an jenem Abend auf der Bühne des Gemeindehauses steht. Wenig später beginnt Reeder, seine Pläne mit den Toten Hosen in die Tat umzusetzen.

Das Projekt muss streng geheim bleiben, denn für die Hosen steht fest: Sie beantragen keine offizielle Erlaubnis, um ein Konzert in der DDR geben zu dürfen. Sie möchten einreisen und illegal auftreten, damit sie sagen dürfen, was sie wollen. »Wenn rüber, dann im Untergrund und mit den Liedern, die wir zu singen haben«, erklärt Frontmann Campino. Im März 1983 reisen Die Toten Hosen in die DDR ein. Kurz vor der Grenze teilen sie sich auf, um nicht den Eindruck einer großen Gruppe zu erwecken. Außerdem verzichten sie auf ihre typische Punkkleidung und die dazugehörigen Stachelfrisuren. Stattdessen kämmen sie sich ihre Haare zu einem ordentlichen Seitenscheitel und tragen ganz normale Jeans. Die Toten Hosen machen sich einen Spaß aus den Täuschungsmanövern – vielleicht auch deshalb, weil sie den Gedanken verdrängen müssen, dass sie großen Ärger bekommen können, wenn sie sich erwischen lassen. Die Einreise gelingt. Auch danach bleiben die Musiker noch eine Weile getrennt und nehmen unterschiedliche Straßenbahnen. Es geht in die Wohnung von Kerstin, einer Punkerin aus Ost-Berlin, die das Konzert im Gemeindehaus der Erlöserkirche mitorganisiert. Die Toten Hosen merken: Sie sind gekommen, um den Punk nach Ost-Berlin zu bringen – doch er ist schon längst da.

In Kerstins Wohnung angekommen, werden die Düsseldorfer mit Eierlikör verköstigt und genießen die Gastfreundschaft der ostdeutschen Punkszene. Ironisch: Während die

Toten Hosen ihren ersten Abend in der DDR verbringen, feiern die jungen Musiker in der westdeutschen Heimat ihre TV-Premiere. Das ZDF bringt an jenem Abend nämlich einen Bericht mit dem Titel »BAP und Die Toten Hosen – Zwei Bands, zwei Welten«. Die Hosen und ihre neuen ostdeutschen Freunde schauen den Bericht verbotenerweise gemeinsam – und die Punks von Ost-Berlin können gar nicht glauben, dass da gerade die Gruppe neben ihnen sitzt, die zeitgleich über die Mattscheibe flimmert.

Das geplante Konzert spielen die Toten Hosen am 27. März 1983 mit der Ost-Berliner Punkband Planlos. »Der Pfarrer hielt zuerst eine Predigt, bevor wir spielen durften«, erinnert sich Campino. Etwa 25 bis 30 Zuschauer wohnen dem Konzert bei. Immerhin: Es gibt einen Gitarrenverstärker und Instrumente – auch wenn die Saiten der Gitarren teilweise zusammengeknotet sind, da es in Ost-Berlin keine Ersatzsaiten zu kaufen gibt. Schlagzeuger Trini Trimpop muss sich mit Drumsticks aus Aluminium zufriedengeben und das bereitgestellte Mikro fällt nach etwa zehn Minuten aus. Doch trotz aller Widrigkeiten begeistern die Toten Hosen das Ost-Berliner Publikum, das anfangs noch ein wenig ängstlich gewirkt hatte. Mit Tränen in den Augen beobachtet Schlagzeuger Trini Trimpop die Ost-Berliner schließlich beim Pogo. Auch Mitorganisator Mark Reeder steht während des gesamten Auftritts in einer Ecke und weint vor Rührung. Es ist vollbracht.

In der Stasi-Akte der Toten Hosen soll später übrigens stehen, dass die Band aus West-Berlin kommt. »Eine Frechheit«, ruft Campino beim Lesen und lacht. Daran sehe man, wie stümperhaft die Stasi gearbeitet habe. »Wir sind aus Düsseldorf!«

Am letzten Tag des DDR-Aufenthalts der Hosen bringen die Ost-Berliner Punks ihre neuen Freunde aus dem Westen zum Tränenpalast. Abschied ist angesagt. Wieder zuhause angekommen, hängen die Toten Hosen den illegalen Auftritt hinter dem Eisernen Vorhang nicht an die große Glocke, um ihre Freunde in Ost-Berlin zu schützen. Auch Fotos gibt es von dem Auftritt nur wenige, wie Campino in einem Interview berichtet: »Es sollte niemand durch so eine Aufnahme in Schwierigkeiten geraten.« Die Band ist nach ihrem Erlebnis nachdenklich und versteht, dass die Menschen in Ostdeutschland deutlich mehr riskieren als sie selbst, um ihre Leidenschaft leben zu können. Die Toten Hosen fühlen sich der Szene in der DDR verbunden. Fünf Jahre später kommen sie noch einmal wieder – doch zuerst spielt die Band noch eine illegale Tour in Polen.

DISCO IN MOSKAU

Zwei Jahre nach ihrem DDR-Abenteuer reisen die Toten Hosen erneut in den Ostblock. Eine Untergrundstudentenbewegung aus London hat den Düsseldorfern Gigs in Ungarn und Polen vermittelt, teilweise sogar ganz offiziell. Dass die Toten Hosen dort sofort eine ganze Tour spielen, war so allerdings nicht geplant.

Der erste Einreiseversuch misslingt, denn die knallbunten Haare der Hosen stoßen beim Grenzpersonal nicht auf Gegenliebe. Mit Farbe aus einer Drogerie färben sich die jungen Musiker die Haare in Windeseile mausgrau – und kommen durch.

Am 14. September 1985 fällt der Startschuss für die *Disco in Moskau*-Tour, und zwar in der Großstadt Pécs im Süden Ungarns. Auf den Konzertplakaten steht nur: »Unter falscher Flagge. Die Toten Hosen.« Einen Tag später spielen die Toten Hosen in der Hauptstadt Budapest, danach klappern sie

Szeged, Miskolc und Zalaegerszeg ab. Im Anschluss wechseln die Hosen nach Polen, wo sie am 21. September 1985 in der Hafenstadt Danzig auftreten. Am 22. September gastieren sie in Thorn, bevor die Düsseldorfer am 23. September in Warschau einlaufen. Beim Gig in der polnischen Hauptstadt handelt es sich um den einzigen, für den die Hosen eine offizielle Erlaubnis haben. Den Rest der Tour fahren sie unter der Hand, was logistische Probleme mit sich bringt. So müssen die Westdeutschen einerseits aufpassen, dass sie nicht von der Polizei aus dem Verkehr gezogen werden. Andererseits übernachten sie in heruntergekommenen Unterkünften und holpern über die schlechten Straßen jenseits des Eisernen Vorhangs. Eins der größten Probleme stellt die Benzinversorgung dar, die sich nur auf illegalem Weg realisieren lässt. »Wir sind dann in irgendwelche Waldstücke gefahren«, erinnert sich Campino. Dort seien plötzlich Leute mit Benzinkanistern zwischen den Bäumen hervorgekommen und hätten Trichter aus Zeitungspapier gerollt, um den Tank der Band zu befüllen. »Im Ostblock spürte man den Unterschied zwischen dem Lebensgefühl des westlichen Undergrounds und dem echten Untergrund am deutlichsten«, erklärt Campino in einem Zeitungsinterview.

Auch der englischsprachige Hosen-Song »Agent X« entsteht in Polen. Die Inspiration liefert ein fadenscheiniger Trabi, der die Band auf einer Fahrt verfolgt.

Den letzten Gig der *Disco in Moskau*-Tour spielen die Hosen am 26. September in Kattowitz. Müde, aber glücklich treten sie die Heimreise an und legen eine monatelange Live-Pause ein. Bis zu ihrem nächsten Auftritt in Ungarn soll es nicht lange dauern: Schon am 9. Mai 1986 stehen die Hosen wieder in Budapest auf der Bühne.

Was das Line-up der Toten Hosen betrifft, markiert das Jahr 1985 einen Meilenstein: Nach der *Disco in Moskau*-Tour räumt

Gründungsschlagzeuger Trini Trimpop seinen Drumhocker und wechselt ins Management der Gruppe. Die Trommelstöcke übernimmt stattdessen Jakob Keusen und wenig später löst Wolfgang »Wölli« Rohde ihn ab. Er ist es auch, der als Schlagzeuger auf der nächsten Platte der Toten Hosen zu hören ist. *Damenwahl* erscheint im Oktober 1986. Darauf zu finden ist auch ein Song namens »Disco in Moskau«. »Gefahr droht dem Osten, meldet unser Spion«, singt Campino in der Nummer. »Eine Waffe aus dem Westen lenkt die Revolution / Keine Grenze hält sie auf / Kein Gesetz stoppt ihren Lauf«. Tatsächlich soll es sich bei dem Ausflug nach Ungarn und Polen noch immer nicht um die letzte Ostreise der Toten Hosen handeln. Am 15. September 1987 spielen sie unter großem Aufruhr beim Olof Palme Festival in Pilsen in der Tschechoslowakei – und am 9. April 1988 kehren Campino und Co. noch einmal in die DDR zurück.

WIEDER IM OSTEN

1988 gehören die Toten Hosen schon fast zum Inventar der Punkszene des Ostens. 1983 hatten die Düsseldorfer ein illegales Konzert in der DDR gegeben, 1985 waren sie verbotenerweise durch Ungarn und Polen getourt. Im Jahr 1988 werden die Hosen noch einmal gefragt, ob sie nicht in Ost-Berlin auftreten wollen. Die Antwort: aber sicher.

Als sich den Toten Hosen im Jahr 1988 noch einmal die Gelegenheit bietet, ein illegales Konzert in Ost-Berlin zu spielen, sind die Düsseldorfer sofort begeistert. »Jawollo«, denkt Campino, wie er in einem TV-Interview erzählt. Etwas skeptischer reagiert Mark Reeder. Der Manager aus Manchester ist sich zunächst unsicher, ob er sich das wirklich noch einmal antun möchte. Doch dann denkt er: »No risk, no fun.«

Stattfinden soll das Konzert am 9. April 1988, diesmal in der Hoffnungskirche in Berlin-Pankow. Geplant ist ein Auftritt der DDR-Punks Die Vision als Vorband und der Toten Hosen als Hauptact – natürlich unter absoluter Geheimhaltung. So schreibt sich Die-Vision-Gitarrist Sebastian Lange für den Tag nur »Die Vision. The Fall.« in den Kalender – falls das Büchlein in falsche Hände gerät.

Eins der größten Probleme: Hosen-Gitarrist Kuddel ist Linkshänder und benötigt deshalb zwingend sein eigenes Instrument. Abhilfe schafft der US-amerikanische G.I. Steve, den Mark Reeder vor dem Konzert kennenlernt. Das Auto des Soldaten darf an der Grenze zur DDR nicht kontrolliert werden, weshalb er Kuddels Gitarre ohne große Schwierigkeiten von Land zu Land schmuggeln kann. Die Stasi weiß dennoch davon. Frontmann Campino liest in einer TV-Doku aus der Stasi-Akte der Band vor, dass der Plan des Gitarrentransports in einem Diplomatenwagen in die DDR bekannt ist. Doch die Staatssicherheit der DDR kann nichts dagegen tun.

Hinter der Grenze angekommen, werden die Hosen und Reeder am U-Bahnhof Vinetastraße von Die-Vision-Sänger Uwe Niels von Geyer abgeholt. Sie gehen zu Fuß zur Hoffnungskirche. Es habe dort einen Spielplatz und ein offenes Gelände gegeben, erinnert sich Bassist Andi. Doch es gibt ein Problem: Vor Ort warten sehr viel mehr Leute als die vereinbarten 30 bis 40. Hunderte wollen die Toten Hosen an jenem Tag spielen hören, wie Reeder beschreibt. Die Band bekommt Zweifel daran, ob die Aktion gut geht. Wie wollen die Organisatoren ein Open-Air-Konzert mit Hunderten von Besuchern vor der Volkspolizei der DDR geheim halten? Und tatsächlich: Als Die Vision ihr Set gespielt haben, taucht die Polizei auf.

Dem Pfarrer der Hoffnungskirche wird das alles zu heikel und er bricht ab. Doch Mark Reeder kommt auf eine zündende Idee – und sagt dem Kirchenvertreter, dass dann jetzt eben eine Band aus Dresden spiele. Die Toten Hosen und Reeder haben Glück, dass der Pfarrer offenbar keine Ahnung hat, wie die Toten Hosen aussehen. Denn natürlich spielt nun keine Band aus Dresden, sondern nach wie vor die westdeutschen Punks, die sich als Band aus Dresden ausgeben. Viele der Zuschauer haben bereits das Weite gesucht, doch Reeder rennt ihnen hinterher und lässt sie wissen, dass es weitergeht.

Während des Konzerts merken Campino und Co., dass sich die Zustände in der DDR verändert haben. Das Publikum hat offen Spaß. Niemand hat Angst davor gehabt, seine Freunde zu der Veranstaltung einzuladen. Dennoch: Die Volkspolizei ist wachsam und das Konzert wird schließlich abgebrochen.

Nach dem Auftritt gehen die Toten Hosen und Teile ihres Publikums noch zünftig feiern. Der Tatort: das »Haus Budapest«, ein gehobenes Restaurant, in dem es eher Gänge-Menüs gibt als Altbier. Den Tisch hat ein US-amerikanischer Soldat und Freund von Mark Reeder reserviert, dem aufgrund seines Militärstatus keine Fragen gestellt werden. Offiziell angemeldet sind »15 hochrangige Militärs der US Army«; den Tisch in Anspruch nehmen mehr als 20 Punks. Das Personal des Gasthauses ist schockiert über das Proleten-Publikum, doch als die unerwarteten Gäste die gesamte Karte rauf und runter bestellen und ordentlich Bargeld auf den Tisch legen, lösen sich die Bedenken in Luft auf.

Weil sich der Abend recht ausschweifend gestaltet, erscheinen die Toten Hosen bei ihrer Ausreise auf den letzten Drücker an der Grenze. Campinos rot gefärbte Haare provozieren einen Grenzbeamten zu der Aussage: »Wer hat denn den Idioten reingelassen?« Campino entgegnet: »Naja, es wird einer von euch Idioten gewesen sein!« Anschließend darf er sich einem Verhör unterziehen, doch die Beamten lassen ihn schließlich gehen. Zu viel Papierkram.

Später kommt raus, dass Die-Vision-Sänger Uwe Niels von Geyer in den Diensten der Stasi gestanden hatte. Doch ab November 1989 ist die Grenze zwischen der ehemaligen DDR und der ehemaligen BRD zum Glück ohnehin Geschichte. Die Hosen erfahren davon am Morgen nach ihrem Auftritt im Pariser »Olympia« am 9. November 1989. Sie sitzen in einer Hotellobby, als Hosen-Freund, -Mischer und -Fahrer Uwe Faust dazustößt und verkündet, dass die Berliner Mauer gefallen sei. Die Hosen bringen noch einen Fototermin für den *Stern* hinter sich – und fahren anschließend nach Berlin durch, um beim großen Willkommenskonzert in der West-Berliner »Deutschlandhalle« dabei zu sein.

Am 22. September 2021 kehren die Toten Hosen noch einmal in die Hoffnungskirche in Berlin-Pankow zurück und spielen für die SWR-Dokumentation *Auswärtsspiel – Die Toten Hosen in Ost-Berlin* vor einem ausgewählten Mini-Publikum. In der ersten Reihe sitzen auch die Ost-Punks von Planlos, mit denen die Hosen 1983 ihren ersten Auftritt in der DDR absolviert hatten. Als Campino deren Song »Überall wohin's dich führt« ankündigt, kommen Planlos-Schlagzeuger Bernd Michael Lade die Tränen.

WIEDERVEREINIGUNG

Auch mehr als 30 Jahre nach der Deutschen Einheit wirft der Eiserne Vorhang noch seine dunklen Schatten. Ob in der Wirtschaft, in der Politik oder im Umgang der Deutschen untereinander: Manchmal scheinen West und Ost nicht die gleiche Sprache zu sprechen. Genau diesen Umstand nehmen die Düsseldorfer Toten Hosen und der Rostocker Rapper Marteria im Jahr 2022 auf die Schippe und veröffentlichen ihr Song-Doppel »Scheiß Wessis« und »Scheiß Ossis«. Was viele nicht wissen: Campino und Marteria sind zu jener Zeit schon seit über zehn Jahren Freunde.

Das liegt daran, dass Patrick Orth, der die Plattenfirma der Toten Hosen leitet, Campino gerne Dinge zusteckt. Bücher, Platten, Filme: Was etwas für den Hosen-Sänger sein könnte, drückt ihm Orth in die Hand. Manches davon landet möglicherweise ungesehen in einer Kiste. Doch die Marteria-CD, die Orth im Sommer 2011 an Campino weitergibt, hört sich der Hosen-Frontmann an. Vor allem die Texte beeindrucken ihn. Nur wenige Wochen später besucht er in Berlin ein Konzert des Rappers.

»Hallo, ich bin Campino«, lässt er den jungen Musiker wissen. Der kennt den Hosen-Sänger natürlich längst. Schon kurz nach ihrem ersten Händedruck merken Campino und Marteria, wie viel sie gemeinsam haben, obwohl sie in zwei unterschiedlichen Ländern aufgewachsen sind. Sie reden über Musik, doch auch für Fußball interessieren sich beide. Als Jugendlicher war Marteria, der eigentlich Marten Laciny heißt, Kapitän von allen Jugendmannschaften des FC Hansa Rostock. Außerdem hatte er in der U15-, der U16- und der U17-Nationalmannschaft gespielt. Aus ihm hätte ein großer Fußballer werden können. Doch er hat sich für einen anderen Weg entschieden und wurde zuerst Model, dann Musiker. Campino hatte zwar nie von einer Karriere als Profisportler geträumt, ist aber beinharter Fan des FC Liverpool. Die beiden kicken ein paar Bälle und amüsieren sich zusammen.

Campino erzählt Marteria, wie viel er von den Texten des jungen Rappers hält und berichtet davon, dass er mit seinen eigenen Lyrics in der Sackgasse steckt. Die Hosen arbeiten damals an ihrem 15. Studioalbum *Ballast der Republik* und der Stein mag einfach nicht ins Rollen kommen. »Zeig doch mal her«, sagt Marteria. Er findet Campinos Entwürfe gar nicht schlecht, sieht nur ein paar Schwächen. Campino fasst neues Selbstbewusstsein.

Ein paar Tage später treffen sich die zwei Musiker in Marterias Wohnung, damit sie sich davon überzeugen können, dass die Chemie zwischen ihnen wirklich stimmt. Er sei kein Songwriter, der für Geld irgendetwas anderes schreibe, verrät Marteria in einem Interview. Im Dezember 2011 lädt Campino seinen neuen Kumpel Marteria zu einem Spiel des FC Liverpool ein. Sie fliegen gemeinsam hin. Statt sich das Bordmagazin anzuschauen, schreiben sie »Ballast der Republik«, den Titeltrack des 15. Albums der Toten Hosen. Gerade einmal anderthalb Stunden brauchen sie dafür. Es ist der Beginn einer wunderbaren Freundschaft.

Immer wieder verbringen die Toten Hosen und Marteria Zeit miteinander und arbeiten zusammen, zum Beispiel am 16. Hosen-Album *Laune der Natur*. Doch zu ihrer bisher markantesten Zusammenarbeit kommt es im Jahr 2022. »Scheiß Wessis«, singen Campino und die Hosen mehr als 30 Jahre nach der Deutschen Einheit. Marteria macht mit und rappt: »Scheiß Ossis«.

Dadurch, dass sich die Musiker in den beiden Songs selbst durch den Kakao zögen, könne man sich ein ganz anderes Maß an Unkorrektheiten erlauben, gibt Campino in einem Interview zu Protokoll. Er habe zuerst »Scheiß Wessis« geschrieben und Marteria anschließend darum gebeten, die »andere Seite der Medaille« zu komponieren.

In den Texten werfen die Hosen und Marteria mit Klischees um sich und verdeutlichen deren Lächerlichkeit. Im Westen gebe es in der Bahnhofsmission Kaviar, dafür würden Wessis den Solidaritätszuschlag zahlen. Im Osten zöge man »blank am FKK« und man sei vor dem Westen im All gewesen. Marteria wird gegen Ende seines Tracks ernst und fordert: »Dieses Land, immer noch zwei Teile / Lass das mal ändern, ist doch scheiße«.

Was wohl die alten DDR-Freunde der Hosen über die beiden Songs denken? Fest steht: Die Düsseldorfer haben sie auch 40 Jahre nach ihrem ersten illegalen Konzert hinter dem Eisernen Vorhang nicht vergessen.

KOSTÜMWECHSEL

In den Achtzigern ist die Musik-TV-Show *Formel Eins* ein wöchentlicher Höhepunkt. Am 5. April 1983 flimmert das Format zum ersten Mal über die Mattscheibe. Nur wenige Monate später gastieren die Toten Hosen erstmals in der Sendung und ihr Auftritt läuft alles andere als wie gedacht. Weitere zwei Jahre später folgt *Der Formel Eins Film*. Einmal mehr mit dabei: die Toten Hosen – und zwar in gleich fünf unterschiedlichen Rollen. Dabei möchte die Band anfangs gar nichts mit *Formel Eins* zu tun haben. Und dann gibt's auch noch eine Klopperei ...

Die Machart von *Formel Eins* bezeichnet der ehemalige Hosen-Schlagzeuger Trini Trimpop in einem Interview als »so daneben«, dass man als Punkrocker im Grunde gar keine andere Wahl habe, als die Sendung zu meiden. Für die Reichweite von

Formel Eins interessieren sich die Hosen zu Beginn der Achtziger aber trotzdem. Schließlich stehen die jungen Musiker noch am Anfang und können fast jede Publicity gebrauchen. Die durchaus extravagante Lösung der Düsseldorfer: Sie treten am 2. Oktober 1983 zwar irgendwie in der Musik-Show auf, stellen sich aber nicht selbst auf die Bühne, sondern nehmen kurzerhand einige Berliner Punkkids mit ins TV-Studio, die lauthals »Eisgekühlter Bommerlunder« grölen. Die Hosen selbst verschwinden lieber im Publikum. Das gefällt dem *Formel Eins*-Team überhaupt nicht – was vielleicht auch daran liegt, dass die Hosen und ihre Gefolgschaft nach ihrer Ankunft erstmal nach allen Regeln der Kunst die Kantine plündern. Es handelt sich nicht um das letzte *Formel Eins*-Gastspiel der Toten Hosen. Beim zweiten Mal werden sie allerdings eingeflogen, damit sie keine Gelegenheit haben, wieder mit einer ganzen Fußballmannschaft an Fans aufzutauchen.

Einen weiteren Auftritt haben Campino und Co. im *Formel Eins Film* von 1985. Regisseur Wolfgang Büld stellt ihnen damals einen »halb-ironischen Spielfilm über die *Formel Eins*-Sendung« in Aussicht. Das finden die Hosen gut und auch die angebotenen 50 000 Mark schrecken sie nicht gerade ab. Die Düsseldorfer sind nämlich fast pleite. Doch dann kommt alles ganz anders und der Film gerät deutlich unironischer als angekündigt.

Die Handlung des Streifens: Die junge Automechanikerin Tina (Sissy Kelling) träumt von einer Karriere als Pop-Sternchen. Sie versucht ihr Glück und schickt eine Demo-Aufnahme an *Formel Eins*-Moderator Ingolf Lück. Das Ergebnis kommt unerwartet: Weil es ihr im Rahmen einer Sendung gelingt, den völlig außer sich geratenen Sänger Meat Loaf zu beruhigen, heuert Tina als Star-Betreuerin bei *Formel Eins* an. Sie lernt Falco kennen, ebenso wie den Achtziger-Star Limahl. Bei den beiden handelt es sich nicht um die einzigen berühmten Darsteller, denn eine Band tritt gleich mehrfach im *Formel Eins Film* auf: die Toten Hosen.

Ein Running Gag im Film ist, dass die Toten Hosen immer wieder zu sehen sind – allerdings verfremdet. So schlüpfen die Düsseldorfer im Rahmen der Handlung in die Rollen von Ricky Curl And The Standing Ovations, präsentieren sich als The Evil Kids, trällern als Flinger Domspatzen ein Weihnachtslied, unternehmen als Little Pepito And The Swinging Pesetas einen Ausflug in die Welt der Mariachi und singen als Die Pebbles »Vom Surfen und vom Trinken«. Zu der seichten Handlung tragen die Düsseldorfer damit nichts bei. Auch die gespielten Songs überzeugen qualitativ nicht unbedingt. Trotzdem veröffentlichen die Hosen die Stücke aus *Der Formel Eins Film* später unter dem Titel *Battle Of The Bands* als EP. (Unter uns: Wer die nicht hat, verpasst nicht viel ...)

Das Gastspiel hatten sich die Hosen anders vorgestellt. Zum Beispiel treten die versprochenen Motörhead gar nicht in dem Film auf. Doch immerhin: Die Hosen kassieren tatsächlich die in Aussicht gestellten 50 000 Mark. Aus der Arbeit am Set machen sie sich einen Spaß, denn laut Gitarrist Kuddel wirken am *Formel Eins Film* Menschen mit reichlich Starallüren mit, nicht nur vor, sondern vor allem auch hinter der Kamera. Die Hosen halten sich aus all dem raus, spielen die stillen Beobachter und amüsieren sich. Bis zur Premiere ...

Als *Der Formel Eins Film* am 5. Juli 1985 in München zum ersten Mal in einem Kino gezeigt wird, erschließt sich den Hosen nämlich erst das ganze Übel. Sie wären wohl am liebsten im Boden versunken, angesichts von so viel Bravheit und Gefälligkeit. Ironie? Keine Spur. *Der Formel Eins Film* ist ein Streifen für genau die Leute, mit denen die Hosen eigentlich so gar nichts anfangen können.

Noch am selben Abend kommt es in einer Münchner Disco zu einer Massenschlägerei mit Beteiligung der Toten Hosen. Die hat allerdings nichts mit der mangelhaften Qualität des *Formel Eins Films* zu tun, sondern damit, dass ein Kellner den dunkelhäutigen Hosen-Roadie Bollock rassistisch beleidigt. »Für dich gibt's hier nur Wasser«, sagt er zum Vertrauten der Band. Das lassen Campino und Co. natürlich nicht auf Bollock und sich sitzen und eins führt zum anderen.

Heute können die Hosen über ihre Auftritte in *Der Formel Eins Film* lachen. Was bleibt ihnen auch anderes übrig? Doch es soll nicht ihr letzter Filmauftritt bleiben.

VOLL NORMAAAL

Mit der Komödie *Voll normaaal* schaffen der Kölner Komiker Tom Gerhardt und Regisseur Ralf Huettner 1994 ein Klamaukspektakel der Extraklasse. »Asozial und Spaß dabei« lautet der Untertitel des Films. Da dürfen die Toten Hosen natürlich nicht fehlen und übernehmen eine kleine Rolle in dem Streifen.

Eigentlich ist in Tommies (Tom Gerhardt) Leben alles gut. Der 26-Jährige lebt mit seinen Eltern Dieter und Lisbeth Krause sowie seiner Schwester Carmen in Köln-Kalk und beschäftigt sich gerne mit Sexfilmen und Autoteilen. Zweiteres wird ihm zum Verhängnis, als er mit seinem Kumpel Mario (Hilmi Sözer) den Wagen des Zuhälters Jupp (Eddy Steinblock) entdeckt. »Ist der gierisch, ey«, schwärmt Tommie vom Auspuff des Rotlicht-Prolls. Gefolgt von einem: »Den muss ich haben.« Er schraubt das Auspuffrohr ab – und es kommt, wie es kommen muss: Jupp wird Zeuge des Diebstahls, rennt Tommie und Mario noch hinterher, kann die beiden aber nicht einholen. Blöd nur, dass Mario am Folgetag ein Pornokino namens »Blue Bird« besucht. Der Inhaber des Ladens: Jupp. Er erkennt Mario wieder und macht ihm recht eindrücklich klar, dass er Tommie demnächst in seiner Stammkneipe erwartet – mit dem gestohlenen Auspuff. Tommie versteht wohl, dass nun Schluss mit lustig ist, erscheint und montiert das gestohlene Stück wieder an seinem rechtmäßigen Platz. Jupp scheint besänftigt, gibt Tommie aber noch den Auftrag, als Entschuldigung eine Kiste Ramsdorfer Kölsch zu organisieren, sonst drohe »Köln-Kalk-Verbot«.

Tommie läuft zum nächsten Getränkemarkt und macht sich verzweifelt auf die Suche nach dem angefragten Bier. Ähnlich planlos stromert eine Gruppe Jungs durch den Laden und fragt Tommie, ob er wisse, wo das Düsseldorfer Altbier stehe. Man ahnt es bereits: Bei den Jungs handelt es sich um die Toten Hosen. Sie möchten sich mit ihrem Gastauftritt dafür revanchieren, dass Gerhardt ein Jahr zuvor ein Intro für den Hosen-Song »Rambo-Dance« vom Album *Kauf mich!* eingesprochen hatte. Mit ihrem Song »Die Opel-Gang Teil II – Im Wendekreis Des Opels« stellen die Hosen außerdem einen ihrer Songs für den Soundtrack zur Verfügung.

»Hä, wieso Düsseldorf«, wundert sich Tommie. »Ich brauch Kölsch, Ramsdorfer Kölsch!« Der Rat von Kuddel: »Guck doch mal drüben bei der Limo.« Gefolgt von einem: »Die spinnen, die Kölner.« Nachher fällt Tommie auf, dass er gerade ein paar echte Berühmtheiten vor der Nase hatte: »Das sind doch die, die, die, die, die ...« So berühmt, dass er auf den Namen der Düsseldorfer käme, sind die Hosen in seiner Welt dann aber doch nicht.

Zu weit aus dem Fenster lehnen sollten sich die Hosen beim Thema Bier ohnehin nicht, wie die folgende Geschichte beweist.

GESCHMACKSTEST

Den Menschen, die nicht aus Köln oder Düsseldorf kommen, muss man es vielleicht erklären: Zwischen den beiden Städten am Rhein herrscht eine Lokalrivalität, ähnlich wie zwischen Hamburg und Bremen oder Dortmund und Gelsenkirchen. Diesen Umstand kann man zum Beispiel am Tote-Hosen-Song »Kölner« ablesen, für den die Düsseldorfer den Text des Westernhagen-Klassikers »Dicke« ... nun ja ... kreativ umdichten. Darin singt Campino, dass er froh sei, kein Kölner zu sein, was eine Quälerei sei. Und weiter: »Ich bin froh, dass ich ein Düsseldorfer bin / denn das bedeutet, frei zu sein«. Besonders gerne spielen die Hosen das Stück natürlich in ihrer Düsseldorfer Heimat.

Die Rivalität äußert sich aber nicht nur in musikalischer Hinsicht und etwa beim Eishockey, sondern auch dann, wenn es um hopfenhaltige Kaltgetränke geht. Während die Kölner auf ihr heißgeliebtes Kölsch schwören, trinkt man in Düsseldorf lieber Altbier. Ein Unterschied, den man schmeckt – oder?

Zumindest Campino kann Kölsch und Alt voneinander unterscheiden. So unterzieht sich der Hosen-Frontmann im Fernsehen einem Biertest, bei dem ihm Alt, Kölsch und Pils gereicht werden, insgesamt zehn verschiedene Sorten. »Kölsch kann man allein wegen des Kohlensäuregehalts ein bisschen unterscheiden«, erinnert er sich in einem Interview an die Verkostung. »Weil das ein bisschen anders perlt.« Rein geschmacklich seien sich die Biere aber ähnlicher als man denkt. Tatsächlich: Als Campino Altbier und Pils benennen soll, scheitert er. Seine Erklärung: Das Ganze sei viel schwieriger als man meint. Selbst gestandene Kellner hätten sich bei dem Test schon vertan und überhaupt sei es irre, wie sehr das Auge mitentscheide.

Wollen wir das mal gelten lassen. Heute haben die Toten Hosen ohnehin ihr eigenes Bier.

ANGESTOSSEN

Wer als Rockstar etwas auf sich hält, bringt auch gerne mal ein eigenes Getränk auf den Markt. Ob das Trooper Beer von Iron Maiden, der Blackened-Whiskey von Metallica oder das Motörhead-Weinsortiment: Immer wieder leisten Musiker gewissenhaft Beihilfe, damit sich ihre Fans so richtig einen hinter die Rüstung römern können. 2018 ziehen auch die Toten Hosen nach und bringen ihr eigenes Bier raus. Es handelt sich dabei allerdings nicht um ein Altbier.

Schon seit Mitte der Siebzigerjahre betreibt die Familie Schnitzler die Hausbrauerei Uerige in Düsseldorf. Seit 1999 führt Sohn Michael die Geschäfte und er ist es auch, der Jahre später auf eine zündende Idee kommt: Er geht auf die Toten Hosen zu und fragt die Punkrocker, ob sie nicht ihr eigenes Bier herstellen lassen möchten. Die Hosen sind Feuer und Flamme, merken aber auch schnell, dass es zum Scheitern verurteilt wäre, dem beliebten Altbier von Uerige ein Konkurrenzprodukt entgegensetzen zu wollen. Lange überlegen Schnitzler und die Hosen, welches Bier sie stattdessen brauen könnten. Dann kommt es zu einer schicksalhaften Begegnung mit einem weiteren Bierexperten.

Bei einem Heimspiel der Fortuna Düsseldorf lernen die Hosen Schnitzlers Freund Dr. Fritz Briem kennen, einen Hopfenproduzenten, Bierverrückten und ... Bayern. Folglich schlägt Briem vor, es mit einem Hellen zu versuchen.

Campino und Co. finden Gefallen an der Idee. Nach einigen Testrunden kommt es Ende Dezember 2017 zu einer großen »Verkostung« in München, die laut den Berichten durstiger Augenzeugen bis in die frühen Morgenstunden dauert. Anschließend entscheiden sich die Hosen für einen der Anwärter und die Detailarbeit kann beginnen. Im Juli 2018 kommt das Hosen-Bier schließlich auf den Markt.

Es sei ihre Art als Düsseldorfer und Westdeutsche, erklärt Campino bei einer Präsentation des Biers, den Bayern trotz vieler unangenehmer Vorkommnisse in der Vergangenheit nochmal die Hand zu reichen und zu zeigen, dass es auch zusammen gehe und gehen müsse. (Mehr zu den unangenehmen Vorkommnissen zwischen Bayern und den Hosen an anderer Stelle in diesem Buch.)

Das Hosen Hell scheint gut anzukommen: Inzwischen ist es in vielen Supermärkten in ganz Deutschland erhältlich. Und sogar die musikalische Konkurrenz scheint sich gern mal ein Gläschen des kühlen Hosen-Hopfengetränks zu gönnen: Als die Ärzte 2021 ihr Spoken-Word-Video »Tresenkraft« veröffentlichen, ist deren Schlagzeuger Bela B. in dem Clip mit einem Hosen-Bier zu sehen. Prost!

GRABESSTIMMUNG

Im Lauf einer Punkrock-Karriere schießt man schonmal über das Ziel hinaus. Das gilt auch für die Toten Hosen, die über die Jahrzehnte immer wieder die Grenzen des guten Geschmacks ausloten und anecken, wo sie nur können. Als Die-Goldenen-Zitronen-Frontmann Schorsch Kamerun die

Düsseldorfer im Sommer 1983 in sein Heimatdorf Timmendorfer Strand einlädt, machen sich die Hosen dort eine Menge Feinde. Der Grund: ein zweckentfremdeter Kindersarg.

Zu Beginn der Achtzigerjahre haben die Toten Hosen gerade erst zusammengefunden, treten aber bereits im ganzen Land und darüber hinaus auf. Kreativität ist gefragt, denn der jungen Band steht bloß der BMW von Schlagzeuger Trini Trimpop zur Verfügung. Da kann es zu fünft schonmal eng werden und damit die Hosen ihre Gitarrenkoffer nicht im Auto verstauen müssen, montieren sie einen Kindersarg auf das Dach des Autos. Darauf schreiben sie: »Die mit dem Sarg sind da«. Die Musiker selbst finden das ganz schön lustig, die meisten anderen nicht.

Als die Hosen im Sommer 1983 in Timmendorfer Strand ankommen, drehen sie und ihr Sarg erstmal eine Ehrenrunde über den Marktplatz. Wie es schon fast Tradition ist, haben Schorsch Kamerun und die Timmendorfer ein Fußballspiel organisiert: Timmendorf-Punks gegen Hosen und Friends. Die Hosen gewinnen und anschließend grillen alle zusammen ein Schwein. Das klingt halbwegs zivilisiert, doch der Abend läuft aus dem Ruder: Statt darauf zu warten, bis das Schwein fertig ist, reißen die jungen Punks nach nur wenigen Minuten das rohe Fleisch von dem Tier. Später zerlegen Band und Publikum das Vereinsheim »Strand 08«, in dem die Hosen an jenem Abend auftreten. (Kameruns Oma Henny Fock wird Hosen-Gitarrist Breiti später trotzdem als »ganz lieb« bezeichnen, doch das nur am Rande.) Der Abend endet im Chaos – und das war noch nicht alles.

Gleich am Morgen nach ihrem Konzert bekommen die Hosen Besuch von der hiesigen Polizei. Sie mögen doch bitte einmal den Sarg auf dem Dach ihres Wagens öffnen. Anwohner hätten die Vermutung geäußert, darin befinde sich ein abgetriebener Fötus. Das ist natürlich Quatsch und die Beamten finden lediglich vier Gitarren. Doch den Humor der Düsseldorfer teilen die Polizisten trotzdem nicht und lassen die Hosen wissen, dass sie sich innerhalb von 24 Stunden aus dem Staub machen sollen. Das hatte die Band vermutlich ohnehin vor und tritt aufs Gaspedal. »Kommt bloß nicht wieder!«, rufen ihnen einige Mitarbeiter der Timmendorfer Müllabfuhr hinterher. Das müssen sie den Hosen nicht zweimal sagen.

Schorsch Kamerun schockiert all das weniger. Er kennt Campino schon seit dessen Zeit bei ZK und weiß um die chaotischen Tendenzen der Düsseldorfer Punks. Im Oktober 1982 ist er beim zweiten Konzert der Toten Hosen anwesend, für das er extra nach Hamburg fährt. Es ist der Abend, an dem er die Gruppe nach Timmendorfer Strand einlädt.

In Kameruns Leben markiert die erneute Begegnung mit Campino und Co. im Sommer 1983 einen wichtigen Wendepunkt. Eigentlich hatte der Timmendorfer damals nämlich gerade eine Lehre in der Autowerkstatt seines Vaters begonnen. Doch der extravagante Auftritt der Hosen inspiriert ihn dazu, ebenfalls eine Karriere als Musiker anzustreben. Thomas Sehl heißt er damals noch. Er verpasst sich seinen heutigen Künstlernamen und gründet 1984 die Goldenen Zitronen.

Der kleine Sarg sorgt auch im weiteren Verlauf der Hosen-Tour für reichlich Ärger. Immer wieder wird die Band an Grenzübergangen bis auf die Knochen kontrolliert und muss erklären, was der Kindersarg auf ihrem Dach zu suchen hat. Eine Mutter, die gerade erst ihr Kind verloren hat, möchte wissen, ob sich die Hosen überhaupt vorstellen können, wie viel Leid sie zu ertragen habe. Der Druck von außen wird groß – so groß, dass die Hosen schließlich die Schnauze voll haben und sich eine andere Unterbringung für ihre Instrumente organisieren.

NORDSEE-PUNKS

Helgoland, 27. September 1986. Hundert bewaffnete Polizisten stehen an der Küste; weitere hundert strömen aus der Fähre, die gerade aus Bremerhaven angekommen ist. Hinter dem Schiff zieht ein Polizeiboot seine Kreise. Was sich zunächst nach Bürgerkrieg anhört, hat einen anderen Hintergrund: Die Toten Hosen sind da.

Die Geschichte beginnt einige Tage zuvor in Hamburg, wo es im Rahmen eines Hosen-Konzerts in der »Fabrik« zu Ausschreitungen kommt. Das hätte mit Helgoland nichts weiter zu tun, stünde der Bürgermeister der Insel nicht vor der Halle in der Hansestadt und bekäme die Krawalle mit. Sofort ruft er den Hamburger Polizeichef an und möchte wissen, was da los ist. Ah, eine Show der Toten Hosen also, soso. Wenige Tage später möchte die Band auch auf Helgoland ein Konzert geben, was der Bürgermeister der Insel angesichts der jüngsten Ereignisse keinesfalls zulassen kann. Also sagt er die Show kurzerhand ab.

Doch die Toten Hosen wären nicht die Toten Hosen, wenn sie sich durch ein kleines Auftrittsverbot von ihren Plänen abbringen lassen würden. So reisen die Punkrocker am 27. September 1986 dennoch nach Helgoland, bringen etwa drei- bis vierhundert Fans mit und sorgen dafür, dass der hiesigen Polizei nicht langweilig wird. Sie machen sich einen Spaß daraus, das absurd große Polizeiaufgebot an der Nase herumzuführen, zum Beispiel, indem sie und ihre zahlreichen Gäste spontan unterschiedliche Wege über die Insel nehmen. Statt sich Gitarren umzuschnallen, schnüren die Hosen ihre Fußballschuhe und feiern mit ihrer Anhängerschaft eine wilde Fußballparty. Doch was ist denn nun mit dem Konzert?

An das Auftrittsverbot auf Helgoland hält sich die Band. Doch ohne Show fahren Campino und seine Jungs natürlich trotzdem nicht wieder nach Hause. So setzen die Düsseldorfer und ihr Gefolge am Abend von Helgoland nach Nordenham über und entern einfach dort die Bühne. Wenn die Hosen nicht zu den Fans dürfen, kommen die Fans halt zu den Hosen.

Fast 20 Jahre später sieht das Ganze schon anders aus. Erneut ist ein Hosen-Konzert auf Helgoland geplant, und zwar am 11. August 2002. Diesmal darf der Auftritt stattfinden – sogar ohne Hundertschaften.

AUSWÄRTSSPIEL

Schon seit ihrer Gründung möchten die Toten Hosen dort spielen, wo ihre Fans sind, ob im Stadion, auf der Straße – oder im Wohnzimmer. So geben die Düsseldorfer im Rahmen ihrer sogenannten *Magical Mystery*-Tour kleine Konzerte an ungewöhnlichen Orten, zu denen ihre Fans sie einladen. Genau jener Umstand führt auch dazu, dass die Hosen 1986 plötzlich im Wohnzimmer von Ursula von der Leyens Vater stehen.

CDU und Punkrock – Das klingt ein bisschen wie Düsseldorf und Kölsch. Doch trotzdem reisen die Toten Hosen 1986 nach Niedersachsen. Ein Freund eines gewissen Barthold Albrecht hat sie dazu eingeladen, eins ihrer legendären Wohnzimmerkonzerte zu geben. Dass es sich bei Barthold um den Sohn von Niedersachsens damaligem Ministerpräsidenten Ernst Albrecht handelt, erfahren Campino und Co. erst kurz vor dem Gig. Noch im Tourbus entbrennt eine Diskussion darüber, ob man den Auftritt nun spielen könne oder nicht. Für die CDU wolle man nun wirklich nicht die Werbetrommel rühren. Doch die Hosen denken auch: »Naja, der Junge muss ja jetzt kein Arschloch sein.« Die Band beschließt, den Auftritt wahrzunehmen, denn schließlich könne Barthold nichts für die politische Gesinnung seines Vaters. Der Abend läuft deutlich chaotischer ab als gedacht.

Schon vorab herrscht eine seltsame Stimmung: Das Grundstück der Albrechts wird von Polizisten und Security-Leuten bewacht. Dass die Hosen in der Villa des niedersächsischen Ministerpräsidenten spielen, hat sich herumgesprochen. Punks aus dem ganzen Bundesland rollen an, wollen Teil des Spektakels sein – und pinkeln in die Blumenbeete des Politikers. Einige Beamte verkleiden sich als Jugendliche und mischen sich unter das Publikum. Das macht Schlagzeuger Wölli rasend, der sich einen der silbernen Wandteller der Familie Albrecht schnappt, »Ich kann diese Scheißbullen nicht mehr sehen« brüllt und das gute Stück in Richtung eines Polizisten pfeffert.

Auch Barthold merkt, dass der Abend aus dem Ruder läuft. Ströme aus Bier versauen das Parkett der Villa. Bartholds kleiner Bruder Donatus hilft den Hosen dabei, den Weinkeller des Vaters zu plündern. Tochter Ursula sei auch da gewesen, habe sich aber unauffällig verhalten, erzählt Campino. Die Familie Albrecht bietet den Hosen satte 500 Mark, damit sie nicht im Haus der Familie übernachten, sondern in einem Hotel. Doch die Düsseldorfer lassen sich nicht beirren. Das Frühstück nach einem Wohnzimmerkonzert ist ihnen heilig. Außerdem möchten sie in dem Bett schlafen, »in das auch schon Hans-Dietrich Genscher gepupst hat«. Als Vater Albrecht gemerkt habe, dass er nicht viel gegen die Hosen ausrichten kann, sei er einfach schlafen gegangen, erinnert sich Barthold an die wüsten Szenen.

Als die Hosen am nächsten Morgen aufwachen, hat Mutter Heide Adele bereits mehrere Hundert Bierdosen weggeräumt und das Frühstück vorbereitet. »Barthold, deine Freunde wollten doch schon längst los«, hört Breiti die Dame des Hauses zu ihrem Sohn sagen. Dann setzt sich auch noch der Hosen-Vertraute Uwe Faust mit seinen über 100 Kilo auf einen antiken Stuhl. »Nicht der Ammerländer!«, ruft Heide Adele – und Vater Ernst bekommt einen Nervenzusammenbruch. »Jetzt reicht's! Alle raus aus meinem Haus!«, brüllt der Politiker. Das mag sich Hosen-Roadie Bollock nicht gefallen lassen, baut sich wenige Zentimeter vor Albrecht auf und brüllt zurück. Er solle jetzt mal die Schnauze halten, lässt er Albrecht wissen. So wenig Gastfreundschaft wie bei den Albrechts sei ihm noch nie begegnet. Und er sei schon reichlich rumgekommen. Tatsächlich zieht sich Albrecht zurück, droht seinem Sohn vorher aber noch mit Hausarrest und schwierigen Lateinaufgaben. Etwas später treten die Toten Hosen die Heimreise an.

Den Düsseldorfern ist der Vorfall unangenehm und sie möchten eigentlich nicht weiter darüber reden. Doch die Familie Albrecht geht an die Öffentlichkeit und bringt eine Pressemitteilung raus. Wie gut das Konzert der Hosen gelaufen sei, steht darin. Da fühlt sich die Band dann doch dazu genötigt, die wahre Geschichte zu erzählen.

Heute sei alles wieder in Ordnung, versichert Campino Jahre später in einer Talkshow. Er habe Ursula von der Leyen inzwischen noch einmal getroffen und sich nett mit ihr unterhalten.

HINTER GITTERN

Johnny Cash hat es getan, Metallica ebenfalls: Konzerte im Gefängnis sind zwar keine Neuigkeit mehr, doch für

Musiker und Häftlinge muss ein solches Ereignis immer wieder aufregend sein. Das bekommen auch die Toten Hosen zu spüren, denn auch sie begeben sich im Lauf ihrer Karriere mehrfach freiwillig hinter Gitter.

Im Winter 1989 ist in Deutschland ein Erdrutsch im Gang. Die Mauer ist gerade erst gefallen; alles ist in der Schwebe und irgendwie chaotisch. Als die Hosen vom Mauerfall erfahren, flitzen sie sofort von Paris nach Berlin, einfach um dabei zu sein. Nur wenige Wochen später führt es die Düsseldorfer gleich noch einmal in die angehende Hauptstadt des wiedervereinigten Deutschland. Diesmal ist allerdings nicht der ehemalige Eiserne Vorhang der Grund dafür – sondern eiserne Gitterstäbe.

Am 1. Dezember 1989 spielen die Toten Hosen ihr erstes Konzert in einer JVA, und zwar im Frauengefängnis am Plötzensee in Berlin-Charlottenburg-Nord. Sie begegnen dort vor allem Frauen, die gegen das Betäubungsmittelgesetz verstoßen haben oder Abschiebe-Flüchtlinge sind.

Ein weiteres Knastkonzert geben die Hosen am Tag danach, diesmal in der JVA in Berlin-Tegel. Dort ist ihr Publikum männlich und erneut unterhalten sie sich mit den Insassen des Gefängnisses. Sie begegnen Mördern, die es irgendwie geschafft haben, hinter Gittern ihren eigenen Schnaps herzustellen. Es sei eine harte Umgebung, berichtet Bassist Andi. Aber es entstünden auch sehr gute Gespräche.

Liest man die Berichte von Musikern, die in Gefängnissen aufgetreten sind, drängt sich ein Eindruck auf: Viel falsch machen kann man nicht. In der Regel sind Häftlinge froh, wenn in ihrem tristen Alltag mal etwas passiert. Sicherheitsbedenken gibt es meist vor allem vonseiten der Vollzugsanstalten, weniger von den Musikern. Die Hosen jedenfalls nehmen die Auftritte als das mit, was sie sind: echte Erfahrungen.

Vielleicht auch deshalb kehren die Hosen mehr als fünf Jahre später noch einmal hinter schwedische Gardinen zurück. Am 23. Dezember 1995 geben sie ein Weihnachtskonzert in der Düsseldorfer JVA »Ulmer Höhe«. Die Justizverwaltung empfängt die Düsseldorfer mit offenen Armen und stellt ihnen sogar ein Fass Altbier hin.

Schon als die Hosen mit dem Ramones-Klassiker »Blitzkrieg Bop« eröffnen, kocht die Stimmung. In einer Ansage bedankt sich Campino dafür, dass die Zuschauer von so weit her angereist sind (höhö). Anschließend lässt er die Häftlinge von seiner »Cola« kosten. Als sich die Wachmänner gerade noch fragen, wieso die Insassen wegen etwas Cola in Begeisterungsstürme ausbrechen, dämmert es ihnen: Die Hosen haben heimlich etwas von ihrem Altbier in die Flaschen gefüllt. Sei's drum. Auf der Setlist stehen nun »Police On My Back« und passenderweise das »Altbierlied«. Doch nicht nur, dass die Hosen an jenem Tag stolze 17 Songs für die 500 Häftlinge im Publikum zum Besten geben. Nein, »Nichts bleibt für die Ewigkeit« spielen die Punkrocker sogar zum allerersten Mal. Der öffentlich-rechtliche Radiosender EinsLive überträgt das Konzert damals im Radio.

Heute gibt es die JVA nicht mehr – zumindest nicht mehr an ihrem ursprünglichen Standort in Düsseldorf-Derendorf. Die neue Justizvollzugsanstalt Düsseldorf befindet sich in Ratingen im Kreis Mettmann.

Im Jahr 2013 entstehen erneut Gerüchte um einen Gefängnisauftritt der Toten Hosen. Dieses Mal sollen die Düsseldorfer ausgerechnet in der JVA in Köln auftreten, dem berühmten »Klingelpütz«. Zwei Termine mit je 130 Zuschauern im Theatersaal sollen geplant sein, und zwar am 7. und 8. Oktober. Das berichtet vor etwa zehn Jahren zumindest der *Kölner Express*. Doch wenig später stellt die Stadt Köln klar: Es wird kein Hosen-Konzert im »Klingelpütz« geben.

Ob die Hosen noch weitere Auftritte in Gefängnissen planen, ist nicht klar. Fest steht: Mit ihren Texten aus dem Leben und ihren energiegeladenen Shows haben sie sicher einigen Häftlingen ein paar schöne Stunden bereiten können.

ENTWEIHT

Ein Hochsommermorgen im beschaulichen Jesenwang in Oberbayern. Die Vögel zwitschern, ein Opa radelt zum Brötchenholen über die Straße und in der Kirche St. Willibald geht der Punk ab. Moment mal ... Punk auf dem bayerischen Lande? Ganz richtig, denn im August 1983 fallen die Toten Hosen in die Jesenwanger Dorfkirche ein, um dort das Musikvideo für ihre dritte Single »Eisgekühlter Bommerlunder« zu drehen. 50 000 Mark bekommen sie dafür von ihrer Plattenfirma. Der Inhalt des Clips: eine Punkhochzeit inklusive reichlich Alkohol und lauter Musik.

Möglich ist der Dreh durch einen Kontakt von Regisseur Wolfgang Büld, der im späteren Verlauf seiner Karriere zum Beispiel den deutschen Kultfilm *Manta, Manta* umsetzen wird, ebenso wie den *Formel Eins Film* (mehr dazu in einem der vorherigen Kapitel, denn auch hier wirken die Toten Hosen mit). Büld hatte bereits beim Nena-Film *Gib Gas, ich will Spaß* Regie geführt und dafür unter anderem auf dem Jesenwanger Flugplatz gedreht. Seitdem zählt Flugplatzbesitzer Max Walch zu seinem Bekanntenkreis – und der wiederum beschäftigt einen Fluglehrer, der in der ehemaligen Sakristei der Kirche St. Willibald wohnt und einen Schlüssel zu besagter Kirche hat.

Schauspielerin Marianne Sägebrecht ist in dem Video als Braut zu sehen. Kurt Raab schlüpft in die Rolle des Priesters und »erleichtert« sich unter anderem an der Kirchentür. Generell: Mit Gottesfurcht und frommen Gebeten hat der Clip zu »Eisgekühlter Bommerlunder« so gar nichts zu tun. Heiliger Bimbam.

Deshalb möchten die Toten Hosen den Dreh eigentlich auch geheim halten, doch es dauert nicht lange, bis die Jesenwanger erfahren, was da in ihrem Gotteshaus veranstaltet wurde. Josef Drexler, späterer Vorsitzender des Freundeskreises St. Willibald, erinnert sich genau an den Vorfall: »Alle waren extrem verärgert.« Der damalige Tote-Hosen-Schlagzeuger Trini Trimpop hat den Tag etwas anders in Erinnerung: »Das hat uns echt Spaß gemacht damals.« Viele fordern, dass die Kirche aufgrund des blasphemischen Videodrehs neu geweiht wird. Genau das geschieht dann einige Monate später auch, allerdings eher still und heimlich.

»Mir ist bis heute ein Rätsel, wie das zustande kam«, kommentiert Drexler den denkwürdigen Dreh. Vom Verein habe jedenfalls niemand eine Erlaubnis erteilt, denn sonst hätte er davon gewusst. Andere Quellen geben preis, dass zumindest ein Gemeinderat der CSU den Dreh genehmigt hatte – und nach den unchristlichen Dreharbeiten seinen Hut nehmen musste.

Im Fernsehen findet das Video aufgrund seiner Obszönität teilweise nicht statt. So streicht die Redaktion der BR-Sendung *Pop Stop* das Stück wegen Verletzung religiöser Gefühle aus dem Programm. Doch am 2. Oktober 1983 kommt es trotzdem zu einer ganz besonderen TV-Darbietung von »Eisgekühlter Bommerlunder« – mehr dazu im Kapitel über den *Formel Eins Film*.

Zum Abschluss noch ein Funfact: Die Melodie zu »Eisgekühlter Bommerlunder« stammt nicht von den Toten Hosen, sondern aus dem chilenischen Dreißiger-Jahre-Schlager

»Chíu Chíu«. Ob man den Videodreh der Hosen im katholischen Südamerika gutgeheißen hätte?

NICHT DIE FEINE ENGLISCHE ART

Bands wie T. Rex, Nirvana und U2 verdanken dem britischen Radio-DJ John Peel eine Menge. Immer wieder kramt er im tiefsten Untergrund und fördert dabei echte Schätze zutage. Was er für den Fortschritt der Rockmusik geleistet hat, lässt sich kaum in Worte fassen. Einmal hätte er sogar fast Gefallen an den Toten Hosen gefunden.

»Einen Versuch ist es wert«, mögen die Hosen denken, als sie John Peel zu Beginn der Achtziger eine Aufnahme ihres Songs »Reisefieber« zuschicken. Schließlich versteht der Brite kein Deutsch und überhaupt scheint es unwahrscheinlich, dass er das Stück der Hosen tatsächlich in seiner Sendung spielt. Doch als Campino wenig später vor dem Radio hockt, hört er in Peels Sendung auf einmal die ersten Töne seines Songs.

Der Refrain erinnere ihn an einen anderen Song, erzählt der britische DJ. Wenn sich die Toten Hosen bei ihm melden würden, um ihm zu gestehen, wo sie den Part geklaut hätten, würde er den Song noch einmal spielen, verspricht er. Das ist schon eine Unterstellung, doch die Hosen nehmen es sportlich und schicken Peel eine endlos lange Liste mit all ihren Einflüssen. Der hält sein Versprechen und spielt »Reisefieber« noch einmal. Nicht nur das: Er besucht die Hosen sogar in Düsseldorf und trinkt mit ihnen Bommerlunder. Außerdem lädt er sie nach London zu einer seiner legendären »Peel Sessions« ein, bei denen Musiker einige ihrer Songs live in seinem Radiostudio aufnehmen.

Das lassen sich die Hosen nicht zweimal sagen und reisen in die britische Hauptstadt. Im Gepäck haben sie englische Versionen ihrer Songs »Reisefieber« und »Bis zum bitteren Ende«. Darüber hinaus geben die Düsseldorfer die Songs »Spiel mir das Lied vom Tod«, »Es ist vorbei« und »Hofgarten« zum Besten. Letzterer soll ihnen allerdings großen Ärger einhandeln.

»Hofgarten« klingt zunächst nach einem passenden Titel für eine britische Radio-Show. Doch im Text singen die Toten Hosen nicht etwa von englischer Gärtnerei, sondern von »Ficken, Bumsen, Blasen / Alles auf dem Rasen«. Peel ist begeistert von der Session – bis ihm jemand übersetzt, was seine Gäste da eigentlich gesungen haben. Schon in einer der nächsten Folgen bezeichnet er die Hosen als »twerps« (zu Deutsch: »Blödmänner«), die ihm eine Menge Ärger eingehandelt haben. Das wirkt sich auch auf seine Programmgestaltung aus: In den Jahrzehnten nach dem Affront haben die Hosen kaum noch Platz in seiner Sendung. Die Band habe die Tatsache ausgenutzt, dass er kein Deutsch spreche, erklärt er 2001. Und die Hosen hätten ein paar extrem vulgäre Sachen aufgenommen, die ihn den Job hätten kosten können. Er weiß, dass es kindisch sei, die Band deshalb zu boykottieren. »Aber zur Hölle mit ihnen«, schiebt er nach.

Zu einem weiteren Eklat kommt es aufgrund des bevorzugten Fortbewegungsmittels der Toten Hosen. Während ihres Besuchs in London fahren die Düsseldorfer nämlich gerne Taxi – und zwar jeder mit einem eigenen. Die Rechnungen bezahlen sie mit dem entwendeten Taxi-Code einer EMI-Mitarbeiterin. »Uns kommt schon niemand auf die Schliche«, denken sie. Doch natürlich fliegen die teuren Taxifahrten auf und die Abrechnungsabteilung des Labels springt im Dreieck. Das soll einer der Gründe sein, warum EMI und die Toten Hosen nach nur einer Platte wieder getrennte Wege gehen.

Immerhin: Heute kann man sich die »Peel Sessions« der Toten Hosen offiziell anhören, zum Beispiel bei unterschiedlichen Streaming-Diensten. Ob sich die Hosen und John Peel vor dessen Tod im Jahr 2004 noch aussöhnen konnten, ist nicht überliefert.

ALS ALEX KAM

Es ist der vielleicht wichtigste Song in der Karriere der Toten Hosen. Denn als die Düsseldorfer 1988 das Stück »Hier kommt Alex« in ihre Live-Setlist aufnehmen, fällt damit der Startschuss für ihren ganz großen Durchbruch. Entstanden ist das Lied für eine Bonner Theaterinszenierung von Anthony Burgess' Buchklassiker *A Clockwork Orange*. Doch was haben die Hosen mit dem Theater zu tun und wie lautet die Geschichte des Songs, der sie zu deutschen Rockstars machte?

Ende der Achtzigerjahre steht es nicht allzu gut um das Theater. Jugendliche interessieren sich eher für Popmusik und Filme; Theaterbühnen wirken angestaubt und wie etwas, das höchstens die Eltern besuchen würden. Das merken auch die Theatermacher, denn ihre Häuser bleiben halbleer. Um dem entgegenzuwirken, versuchen sie, die Sprache der Jugend zu sprechen, und laden zum Beispiel angesagte Bands ein. Das trifft auch die Toten Hosen, die Ende der Achtziger eine Anfrage von den Kammerspielen aus Bonn-Bad Godesberg erhalten. Der Auslöser: Regisseur Bernd Schadewald, der bereits für den Film *Die Verlierer* und für eine Folge des Hamburger *Tatorts* mit den Hosen zusammengearbeitet hatte. Nun soll er den Roman *A Clockwork Orange* von 1962 auf die Bonner Bühne bringen – und denkt dabei an seine Freunde aus Düsseldorf. Ob die Band nicht ein wenig Musik für das Stück komponieren will, fragt er an. Die Hosen mögen *A Clockwork Orange*. Aber worum geht es in der Geschichte eigentlich?

Eine futuristische Stadt in einem totalitären Superstaat: Alex, die Hauptfigur in Burgess' Roman, ist der Anführer der sogenannten »Droogs« aus der »Korova-Milchbar«. Dabei handelt es sich nicht etwa um einen Ort für harmlose Jugendliche, sondern um eine Bar, in der mit Drogen versetzte Milch serviert wird. Während sich die meisten normalen Bürger dem Stumpfsinn hingeben, entsteht unter den Teenagern eine gewalttätige Subkultur. Dazu zählt auch Alex, der nicht nur ein Soziopath ist, sondern auch gemeingefährlich. So zieht er nachts mit Vorliebe mit seiner Bande los, überfällt Menschen und vergewaltigt Frauen. Als er gefasst wird, soll er einer Art manipulativen Gehirnwäsche unterzogen werden – Anfang der Sechzigerjahre ein topaktuelles Thema, denn damals hatte man in England tatsächlich wieder mit der sogenannten »Aversionstherapie« experimentiert, zum Beispiel zur Umwandlung lesbischer und bisexueller Frauen in heterosexuelle Frauen durch Konditionierung. Die fiktive Aversionstherapie in Burgess' Roman nennt sich »Ludovico-Methode«.

Wie so oft, müssen die Hosen zunächst besprechen, ob sie die Anfrage aus Bonn annehmen. Sie wittern, dass es sich vor allem um einen Wiederbelebungsversuch für das Theater handelt. Trotzdem entscheiden sie sich am Ende dafür. Zum einen, weil sie sich für den Stoff des Buchs interessieren; zum anderen, weil es eine Herausforderung für die jungen Musiker ist, Stücke zu komponieren, deren Text bereits vorgegeben ist. Klar, das Geld dürfte auch eine kleine Rolle spielen, denn für ihr Engagement am Bonner Theater werden die Düsseldorfer fürstlich entlohnt.

Als die Hosen ihren damaligen Managern Trini Trimpop und Jochen Hülder die ersten Stücke vorspielen, zeigt sich Trimpop enttäuscht. Ob das alles sei, möchte er wissen. Da wäre schon noch was, aber auch das sei scheiße, lässt Campino den ehemaligen Hosen-Schlagzeuger wissen. Die Band spielt »Hier kommt Alex« – und Trimpop fällt vor Begeisterung fast vom Stuhl.

Nur kurze Zeit später beginnen die Proben mit Hauptdarsteller Ralf Richter. Am 28. Mai 1988 geht schließlich die Premiere von *A Clockwork Orange* über die Bühne. Die Bonner Theatermacher warnen das Publikum extra noch vor: »Achtung, es könnte heute lauter werden.« Ohrstöpsel werden verteilt. Zurecht, wie sich herausstellt: Schon zu Beginn poltern die Hosen mit »Hier kommt Alex« los.

Live erprobt hatten die Düsseldorfer den Song bereits bei vorherigen Konzerten. Doch dass die Hosen nun auch im Theater zugange sind, verschafft der jungen Band noch einmal eine ganz neue Aufmerksamkeit. Auch als Statisten sind sie mit von der Partie. Außerdem haben sie noch weitere Stücke komponiert, nämlich »Keine Ahnung«, »Die Farbe Grau«, »Zahltag«, »Musterbeispiel« und »Bye, bye Alex«. Wenige Monate später erscheinen sie alle auf dem Album *Ein kleines bisschen Horrorschau.* Im Radio läuft »Hier kommt Alex« rauf und runter. Und zum ersten Mal gelingt den Hosen der Einstieg in die Album-Top-Ten.

Ihren großen Durchbruch bemerken die Hosen erst ein wenig später. Zwar ist auch die Deutschland-Tour Ende

1988 bereits sehr gut besucht; doch der große Knall folgt vor allem Anfang 1989, als die Hosen plötzlich zwei Konzerte hintereinander in 3 000er-Hallen geben können – von denen beide restlos ausverkauft sind. »Mit dem Lied ‚Hier kommt Alex' haben sie die Tür zum Massenmarkt aufgemacht«, erinnert sich Patrick Orth in einer Dokumentation. Orth führt die Plattenfirma der Toten Hosen und hat den Aufstieg der Düsseldorfer von Anfang an mitbekommen. Durch »Hier kommt Alex« sei alles zum ersten Mal passiert. Die Band habe zum ersten Mal regelmäßig vor Tausenden von Zuschauern gespielt. Wenig später sei die erste Platte der Gruppe auf Platz eins gelandet (mehr dazu ein paar Kapitel weiter). Überhaupt habe es seitdem jede Menge erste Plätze gegeben.

Im Geld schwimmen die Toten Hosen in den Achtzigern zunächst noch nicht, weshalb sie sich Mitte des Jahrzehnts auf einen Deal mit Musikmagnat Ralph Siegel einlassen. Der ködert die Hosen damals mit einer Summe, die den jungen Musikern astronomisch erscheint. Als Gegenleistung müssen die Hosen jahrelang die Rechte an einigen ihrer Songs abtreten. Erst 1990 verhandeln die Düsseldorfer den Vertrag neu – und werfen Münzen mit Siegel. Manchmal gewinnen sie. Doch beim Münzwurf zu »Hier kommt Alex« ist den Hosen das Glück nicht hold – noch heute verdient Ralph Siegel an dem Song mit.

So richtig zufrieden waren die Hosen mit der Theaterinszenierung von *A Clockwork Orange* übrigens nicht. Die Adaption sei eher künstlich gewesen und habe wenig mit der tatsächlichen Jugend zu tun gehabt. Doch als die jungen Punkrocker im Bonner Theater auftreten, sind die Kammerspiele endlich wieder prall gefüllt – so wie fast jeder Konzertsaal danach.

BRECHT GEHABT

Zumindest für Campino handelt es sich bei der Beteiligung an *A Clockwork Orange* nicht um seinen einzigen Ausflug auf die Theaterbühne. 2006 übernimmt er die Rolle des Mackie Messer in Bertold Brechts *Dreigroschenoper,* denn die Hosen legen damals eine Pause ein. Das wirft ein paar Fragen auf: Wie kommt Campino zu seinem Theaterengagement? Kann er überhaupt schauspielern? Und: Ist das noch Punkrock?

Natürlich ist es das! Schon die Proben sind Punk pur, denn 2006 ist der Berliner »Admiralspalast« noch eine Großbaustelle. So finden die Vorbereitungen für die *Dreigroschenoper* zwischen Bauschutt und Lärm statt. Mit der Premiere am 11. August 2006 soll der traditionsreiche Veranstaltungsort feierlich wiedereröffnet werden. Doch das ist noch nicht alles. Auch die Inhalte der *Dreigroschenoper* hält Campino für Punk, wie er in einem Interview erklärt. Worum geht es in dem Klassiker?

London, 1837: Zwischen dem Bettlerkönig Peachum und dem Verbrecher Mackie Messer kommt es zu einem Konflikt. Messer kontrolliert nicht nur die Einbrüche und Straßenraube Londons, sondern ist auch noch immun: Durch seine freundschaftliche Beziehung zum Polizeichef der britischen Hauptstadt kann ihm nichts passieren.

Widersacher Peachum (Gottfried John) gehört die Firma namens Bettlers Freund. Sein Unternehmen ist darauf spezialisiert, Bettler mit wirksamen Sprüchen und heruntergekommener Kleidung auszustatten, damit sie bei Passanten größeres Mitleid erregen können. Als Bezahlung verlangt er eine nicht unwesentliche Beteiligung an den Einnahmen seiner »Kundschaft«. Für Akquise setzt er seine gut aussehende Tochter Polly ein, gespielt von Birgit Minichmayr. (Minichmayr wird im

Kapitel über den Song »Tage wie diese« noch einmal eine Rolle spielen.) Sie wird von Mackie Messer verführt und die beiden heiraten – der Streit zwischen den beiden Männern beginnt.

In seiner Geschichte parodiert Brecht das Bürgertum und den Kapitalismus – genau wie es die Hosen oft getan haben. Der Geist vieler Lieder aus der *Dreigroschenoper* entspreche doch sehr dem Humor, den man aus der Punkszene kenne, findet Campino in einem Interview. Die *Dreigroschenoper* sei geradezu eine Blaupause für Punkhumor und -Ideen. Und wie kommt es zu Campinos Engagement?

Er glaube daran, dass der Hosen-Sänger die Rolle des Mackie Messer sehr, sehr gut umsetzen werde, verrät Regisseur Klaus Maria Brandauer 2006 in einem Interview. Und zwar als Schauspieler. Campino selbst betrachtet sein Schauspieldebüt etwas bescheidener. Alles, was er auf der Bühne sage, sei von ihm auch so gemeint; im Gegensatz zu richtigen Schauspielern, die in andere Charaktere schlüpfen würden. Es gehe bei seinem Engagement vielleicht darum, dem Stück von Brecht über die interessante Konstellation der Leute eine neue Aktualität zu verschaffen, mutmaßt der Hosen-Sänger in einem anderen Interview. Das Ziel sei es, die Geschichte so zu spielen, dass das Publikum die schon oft gehörten Worte wieder wahrnehme, und das schaffe man nur, wenn man sie den Leuten mit einer gewissen Härte einbläue. Dafür könnte er der Richtige sein.

Campinos Performance bei der Premiere kommt nicht bei allen gut an. Das ist zu verzeihen, schließlich handelt es sich für ihn um ein Auswärtsspiel. Für Regisseur Brandauer gilt das nicht. Eigentlich sollte der Hollywood-Veteran im Theater voll in seinem Element sein, doch als die Premiere seiner *Dreigroschenoper* vorbei ist, buht ihn das Publikum aus. Er muss sich im Nachgang viel Kritik für seine Inszenierung anhören. Der Esprit habe gefehlt, lautet einer der Vorwürfe.

Auch der »Admiralspalast« erstrahlt bei der ersten Aufführung noch nicht ganz im gedachten Glanz. Der Bauschutt liegt noch immer herum, denn zum Wegräumen hatte die Zeit gefehlt. Noch kurz vor der Premiere laufen Bauarbeiter über den roten Teppich. Brecht hätte das gefallen.

Schauspielerische Leistung hin oder her: Seine Begeisterung für Brecht kann Campino rüberbringen. »Was ist ein Einbruch in eine Bank gegen die Gründung einer Bank?«, schreit Campino dem Publikum entgegen, in dem auch Deutsche-Bank-Chef Josef Ackermann sitzt – und ist ganz der Punkrocker, der er immer war.

WACKERSDORF-TANGO

Am 4. Februar 1985 steht es fest: Im bayrischen Wackersdorf soll eine Wiederaufarbeitungsanlage (kurz: WAA) für abgebrannte Kernreaktorbrennstäbe gebaut werden. Schon mehrfach hatte die Bevölkerung gegen das Projekt demonstriert, unter anderem im Rahmen der sogenannten Anti-WAAhnsinns-Festivals, die seit 1982 stattfinden. Doch als es im April 1986 zur Nuklearkatastrophe von Tschernobyl kommt, nimmt der Widerstand ein neues Ausmaß an. Zwar ist die Tschernobyl-Unfallstelle mehr als 1600 Kilometer entfernt, doch das Unglück macht die Bedrohung durch die geplante Wiederaufarbeitungsanlage in Deutschland gefährlich greifbar. Mehr als 100 000 Menschen erscheinen zum fünften Anti-WAAhnsinns-Festival, das am 26. Juli 1986 beginnt, also drei Monate nach Tschernobyl. Es handelt sich um das bisher größte Rockkonzert der deutschen Geschichte – und die Toten Hosen sind dabei.

Die bekanntesten und größten Interpreten reisen damals nach Burglengenfeld in der Nähe von Wackersdorf. Udo Lindenberg tritt auf, ebenso wie Herbert Grönemeyer, Peter Maffay, Rio Reiser und die Kölschrocker BAP. Letztere laden auch die Toten Hosen ein, doch die Düsseldorfer zögern. Können sie sich eine Bühne mit Maffay und Grönemeyer teilen, ohne sich dabei lächerlich zu machen? Sie kommen zu dem Schluss, den sie »Großen-Koalitionsgedanken« nennen: Für ein richtiges Ergebnis muss man eben auch mal Leuten die Hand reichen, mit denen man eigentlich nicht viel am Hut hat. Trotzdem erledigen die Hosen das Ganze auf ihre Art.

Campino und Co. möchten nämlich nicht nur für ein Konzert anrollen, sondern mittendrin sein – im Gegensatz zu den anderen Musikern, die sich zwar in Burglengenfeld auf die Bühne stellen, aber in einem nahegelegenen Hotel übernachten. So kaufen sich die Hosen im Vorfeld des Festivals extra ein Zelt, das sie gleich hinter der Bühne aufschlagen. Sie schließen sich den Diskussionen an und feiern mit den Protestierenden. Die größeren Stars debattieren währenddessen darüber, wer zuletzt auf die Bühne darf, also den beliebtesten Slot bekommt. Die Hosen wiederum fragen gezielt nach dem ersten Slot am zweiten Festival-Tag – der mit Abstand schlechtesten Spielzeit. An Tag zwei um Punkt 11 Uhr ist klar, warum: Die Punkrocker lassen lautes Hubschraubergeknatter über die Beschallungsanlagen erklingen und beginnen ihr Set mit Sirenenlauten und dem Song »Großalarm«. Ob erster Slot des Tages oder nicht: Wer bisher noch im Schlafsack gelegen hat, ist spätestens jetzt wach.

Noch nie hatten die Hosen vor einem auch nur annähernd so großen Publikum gespielt. Das dürfte besonders bei Schlagzeuger Wölli für Bauchschmerzen gesorgt haben, denn es handelte sich um einen seiner ersten Auftritte mit den Hosen. Er sei furchtbar nervös gewesen, erinnern sich seine Bandkollegen Jahre später. Doch es klappt alles und Wölli legt einen gelungenen Einstand hin.

Schwierig gestalten sich die Polizeikontrollen vor dem Festival-Gelände. So haben die Hosen bei ihrer Anreise zum Beispiel einige Sprühdosen im Gepäck, was die Beamten ganz und gar nicht gutheißen. Die Hosen bestehen allerdings auf ihr Recht und verbrauchen die Farbe schnell, indem sie ihr Zelt ansprühen. Aus den Kontrollen an sich machen sie sich einen Spaß und fahren mehrfach raus und wieder rein, nur damit die Polizisten sie immer wieder filzen müssen. Das Ganze wiederholen sie so oft, bis sie sogar per du mit einem Beamten namens Gerd sind. Bei einer der Polizeikontrollen dauert es so lange, dass die Hosen auf dem Standstreifen der Autobahn Fußball spielen. Bei einer anderen Kontrolle geht fast was schief: Herbert Grönemeyer hatte den Hosen ein Stück Haschisch geschenkt, für das er keine Verwendung hatte. Die Hosen vergessen, dass sie die illegale Droge an Bord haben und werfen sie kurz vor der Kontrolle aus dem Fenster. Abends kommt Roadie Uwe Faust und macht sich auf die Suche nach dem Hasch – mit Erfolg.

Was ihre Karriere betrifft, bedeutet der Auftritt in Wackersdorf einen weiteren kleinen Durchbruch für die Hosen. Neben den alteingesessenen Rockern sind die jungen Punks nämlich die Exoten der Veranstaltung und können sich einem Publikum vorstellen, das sie noch nicht kennt. Es ist einer der Bausteine, der die Band in den Folgejahren riesengroß machen soll.

Zu einem letzten Höhepunkt kommt es, als am letzten Abend alle Musiker für ein gemeinsames Allstar-Projekt auf der Bühne stehen – und Campino einfach die Führung übernimmt. Mit Selbstverständlichkeit lässt er große Stars wie Herbert Grönemeyer wissen, welcher Song als nächstes gespielt wird. Es macht niemandem etwas aus.

Wirkung zeigt der ganze Protest übrigens auch: Am 31. Mai 1989 werden die Bauarbeiten in Wackersdorf offiziell eingestellt. Eine Wiederaufarbeitungsanlage gibt es dort bis heute nicht.

AZZURRO

8. Juni 1990, 18 Uhr: Kamerun und der amtierende Champion Argentinien eröffnen in Mailand die 14. Fußballweltmeisterschaft. Der legendäre Diego Maradona steht auf dem Platz, ebenso wie die beiden Kameruner Superstars Thomas N'Kono und Roger Milla. Das Spiel ist ein Krimi: Kamerun kassiert zwei rote Karten, kann das Match gegen den argentinischen Favoriten aber dennoch für sich entscheiden. Endstand: 1:0. Es ist der gelungene Auftakt einer spannenden Fußball-WM in Viva L'Italia. Den passenden Soundtrack dazu liefern unter anderem ein paar Düsseldorfer.

Im Rahmen der Veröffentlichung ihres sechsten Studioalbums *Auf dem Kreuzzug ins Glück* überraschen die Toten Hosen nämlich mit einer Cover-Version von Adriano Celentanos Mega-Hit »Azzurro«. Eigentlich geht es in dem Song um Fernweh, Sehnsucht und Herzschmerz, doch die Hosen verstehen ihre Version als Parodie auf den typischen deutschen Fußballtouristen in Italien. So ist im Musikvideo zu sehen, wie die Band in einem orangefarbenen Opel Rekord C Coupé mit dem Kennzeichen D-TH 1990 in den Stiefelstaat reist, sich für die Fahrt mit jeder Menge Snacks und Bier eindeckt, ihren Müll einfach aus dem Fenster wirft und sich von einem LKW-Fahrer übers Ohr hauen lässt. Ein Running Gag im Laufe des Clips: Immer wieder springt das Auto nicht auf Anhieb an – bis zu dem Zeitpunkt, als der Wagen am Ende des Videos geklaut wird. Klar.

Der Clip ist nur teilweise fiktiv: Die Toten Hosen reisen 1990 tatsächlich nach Italien, übernachten in der Pension »Concordia« am Gardasee und berichten von dort aus als WM-Kolumnisten für die Berliner *taz* sowie das Jugendprogramm SDR 3. Erneut nehmen sie die deutschen Fans auf die Schippe, zum Beispiel als sie sich in einem Text darüber auslassen, dass die deutschen Zuschauer mit ihren »Sieg, Sieg«-Rufen bloß die eigene Impotenz überspielen würden. Die Deutschen würden ihre Gegner als »Kakteenpflanzer«, »Kameltreiber« und »Scheißkommunisten« bezeichnen. Zu Tausenden hätten sie Affengeräusche gemacht, wenn ein schwarzer Spieler am Ball gewesen sei, berichtet Breiti in einem anderen Interview. Das seien die Fans, auf die Lothar Matthäus so stolz sei.

Als im Halbfinale am 4. Juli 1990 die beiden Fußballnationen England und Deutschland aufeinandertreffen, kommt es zu einer kleinen internen Krise. Sänger Campino hält aufgrund der Herkunft seiner Mutter als einziger zur britischen Insel – und muss so einiges verdauen. In der 60. Minute geht Deutschland durch ein Tor von Andi Brehme mit 1:0 in Führung, in der 80. Minute gleicht Gary Lineker zum 1:1 aus. Die Verlängerung bringt keine Entscheidung, weshalb es ins Elfmeterschießen geht. Bis zum 3:3 bleibt es spannend, doch dann scheitert Stuart Pearce am deutschen Nationaltorwart Bodo Illgner. Olaf Thon verwandelt zum 4:3, Chris Waddle schießt über das Tor. England ist raus, Deutschland steht im Finale. Ein düsterer Abend für Campino. Für England markiert die Niederlage im Elfmeterschießen den Beginn einer weltberühmten Misserfolgsgeschichte. Erst am 3. Juli 2018 wird es der Insel-Elf gegen Kolumbien wieder gelingen, ein WM-Spiel im Elfmeterschießen zu gewinnen.

Im Finale am 8. Juli 1990 trifft Deutschland auf Titelverteidiger Argentinien. Ganze 85 Minuten steht es 0:0, doch dann pfeift der mexikanische Schiedsrichter Edgardo Codesal Méndez einen Foulelfmeter für Deutschland. Andi Brehme trifft zum Endstand von 1:0 – und Deutschland ist zum dritten Mal Fußballweltmeister.

Auch die Toten Hosen dürfen sich 1990 über einen weiteren Meilenstein in ihrer Karriere freuen: Im Freundschaftsspiel gegen die Personal-Elf der Pension »Concordia« gewinnen sie mit 9:2. Nein, im Ernst: Im Juni des WM-Jahres landen die Düsseldorfer mit *Auf dem Kreuzzug ins Glück* zum ersten Mal auf Platz eins der deutschen Albumcharts – nicht zuletzt dank ihrer Hit-Single »Azzurro«.

AUF DEM KREUZZUG INS GLÜCK

Als die Toten Hosen am 21. Mai 1990 ihr sechstes Album *Auf dem Kreuzzug ins Glück* veröffentlichen, haben sie vermutlich noch keine Ahnung, dass der Name der Platte schon bald Programm für sie sein wird. Mit ihrem neuesten Wurf gelingt den Düsseldorfern nämlich zum ersten Mal der Sprung auf Platz eins der deutschen Albumcharts.

Offiziell heißt das sechste Werk der Toten Hosen: *125 Jahre Die Toten Hosen auf dem Kreuzzug ins Glück*. Ein Titel mit einem Augenzwinkern, denn bei den 125 Jahren handelt es sich natürlich nicht um das tatsächliche Alter der Gruppe, sondern um das addierte Alter der Bandmitglieder bei der Entstehung der Platte. Der Titel passt trotzdem, denn das Werk hat etwas Hochherrschaftliches. Das mag am Artwork liegen, das an ein Napoleon-Gemälde erinnert, welches Campino aus dem Geschichtsunterricht kennt. Das Original zeigt den Rückzug von Napoleons Truppen aus Russland, und die Hosen hatten sich von einem Amsterdamer Kunstfälscher dazumalen lassen. Oder es liegt an den ausdrucksstarken Textzeilen, wie zum Beispiel: »Wir sind auf dem Weg in ein neues Jahrtausend / Bald werden Wunder am Fließband hergestellt«. Es mag aber auch mit der schieren Länge zu tun haben, denn bei *Auf dem Kreuzzug ins Glück* handelt es sich um ein mehr als 90-minütiges Doppelalbum.

Dass sie eine komplette Fußballspiellänge benötigen, merken die Hosen schnell. Druck gibt es diesmal keinen. Sie finanzieren die Platte selbst, haben also kein Label im Rücken, das während der Produktion auf die Uhr schaut, um die Kosten gering zu halten.

Inhaltlich zeigen sich die Toten Hosen auf ihrer sechsten Platte in all ihrer Vielseitigkeit. Ob instrumentale Intros à la Ennio Morricone, pädagogische Abhandlungen wie »Glückspiraten« oder die Hymne »Schönen Gruß, auf Wiederseh'n«: Hier ist wirklich für jeden Hosen-Fan etwas dabei. Mit »Fünf vor Zwölf« stellen sich die Düsseldorfer der erstarkenden Fremdenfeindlichkeit der eingehenden Neunzigerjahre entgegen, beschäftigen sich in »Sein oder Nichtsein« mit dem Thema Suizid und setzen mit »Die Opel-Gang Teil II« ihren Klassiker von 1983 fort. Und das war nur der erste Teil des Doppelalbums.

Auf dem zweiten Tonträger von *Auf dem Kreuzzug ins Glück* hauchen die Hosen einigen ihrer B-Seiten neues Leben ein, covern den italienischen Schlager »Azzurro« von Adriano Celentano und präsentieren ein paar ihrer älteren Songs im neuen Gewand. So gibt es »Opel-Gang« zum Beispiel in einer Country-Version zu hören und dem Song »Mehr davon« verpassen die Hosen eine Reggae-Frischzellenkur.

Die Tracks 10 bis 16 auf CD zwei sind für ein echtes Highlight reserviert, nämlich für das dreiteilige Drama »Willi – ein Verlierer«. Die Hosen setzen den Dreiteiler gemeinsam mit dem bayerischen Komiker Gerhard Polt und seiner Kabarettgruppe Biermösl Blosn um, die sie 1986 bei den Protesten in Wackersdorf kennengelernt haben. Für die Kooperation mit Polt fährt Campino extra ins bayerische Miesbach und schleppt Polt in ein Studio.

Am Ende der Produktion von *Auf dem Kreuzzug ins Glück* sind die Hosen runter mit den Nerven. Sie haben sich Tage und Nächte um die Ohren geschlagen und machen erstmal gemeinsam Urlaub. Dafür packen sie ihre Gitarren ein und erkunden während des ersten gesamtdeutschen Frühlings den Osten des Landes. Gera, Usedom, Leipzig, Dresden, Ost-Berlin: Die Hosen spielen kleine Gigs und saugen die Atmosphäre in den neuen Teilen Deutschlands auf. Dabei geraten sie in lustige Situationen voller Aufbruchstimmung; sie sehen sich aber auch mit Jugendlichen konfrontiert, die rassistische Sprüche der übelsten Sorte vom Stapel lassen. Es ist der Vorbote einer Welle der rechten Gewalt, die nur wenig später über das Land rollt.

An welchem Datum genau die Toten Hosen mit *Auf dem Kreuzzug ins Glück* den ersten Platz der Albumcharts erreichen, ist nicht ganz klar. So nennt die Website »Offizielle Deutsche Charts« den 11. Juni 1990 als Stichtag. Die Berliner *taz* hingegen berichtet laut Website bereits am 8. Juni 1990 darüber, dass die Toten Hosen am Vortag den ersten Platz erreicht haben. Die Band selbst scheint den 11. Juni auserkoren zu haben, denn im Jahr 2020 blicken die Toten Hosen an jenem Tag bei Facebook auf die Veröffentlichung ihres ersten Nummer-eins-Albums zurück und schreiben dazu: »Alles wurde noch um einige Umdrehungen größer, wilder und verrückter.« Damals überfordert dieser Erfolg die Gruppe noch. Heute gehören die Toten Hosen ganz routiniert zu den größten Rockstars der deutschen Musikgeschichte.

EIN PREIS FÜR DEN MÜLL

Punkrock und Preisverleihungen – eine Mischung, die Zündstoff birgt. Das sehen die Toten Hosen ähnlich: Als sie im Jahr 1993 plötzlich den Echo als »Gruppe des Jahres, national« gewinnen, wissen die Düsseldorfer nicht so recht, wie sie damit umgehen sollen. Spoiler: Zur Preisverleihung bringen sie eine Mülltüte mit.

Zu Beginn der Neunziger starten die Hosen so richtig durch. Platz eins in den Charts, ausverkaufte Tourneen, kreischende Fans: Die Band entwickelt sich Stück für Stück zu etwas, das man eher als »Popstars« bezeichnen würde denn als »Punkrocker«. Für so viel Erfolg habe es in der Szene nie ein Rezept gegeben, erklärt Campino in einer Dokumentation. Es sei ja gerade darum gegangen, dass man nichts habe und ein Loser sei, aber trotzdem seinen Stolz bewahre. Als die Toten Hosen größere Erfolge feiern, müssen sie die Regeln für ihren Emporstieg selbst schreiben – und dafür gehen sie durchaus Kompromisse ein.

Der Band sei bewusst, dass ein bisschen Aufmerksamkeit zur Hauptsendezeit nicht schade, berichtet Hosen-Produzent Jon Caffery. Mehrfach befindet sich die Gruppe im Zwiespalt zwischen ihren alten Zielen und ihren neuen Möglichkeiten. Das gilt auch bei der Echo-Verleihung 1993. Statt einfach abzusagen, nehmen die Hosen die Preisverleihung wahr und ziehen auf der Bühne eine kleine Show ab. Als Moderator Harald Schmidt den Düsseldorfern ihre fünf Trophäen verleiht, kramt Campino nämlich einen Müllsack aus der Tasche und verstaut die Echos darin. »Diese Art Preis wird einen Ehrenplatz in unserem Herzen haben«, liest Campino währenddessen von einem Zettel ab. Ob die Musiker ihre Preise anschließend wirklich entsorgt haben, ist nicht überliefert.

Die Ärzte seien an der Stelle vielleicht sogar etwas mehr »Punkrock«, findet Produzent Caffery. Die würden erst gar nicht zu solchen Preisverleihungen hingehen. Auch das ist eine Herangehensweise. Unterhaltsamer ist allerdings der Weg der Toten Hosen – und Punkrock soll ja auch Spaß machen und vielleicht die vor den Kopf stoßen, die nicht damit rechnen.

SASCHA

So richtig weg war das Thema Neonazismus in Deutschland leider nie. Doch ab Mitte der Achtzigerjahre entwickelt sich die rechte Szene in Europa wieder zu einem handfesten Problem. Als die Hosen zum ersten Mal legal in der DDR spielen, sind sie schockiert, welch standfesten Rassismus viele Jugendliche dort vertreten. Anfang der Neunziger verschlimmert sich die Situation noch um ein Vielfaches. Menschen werden umgebracht, Asylbewerberheime brennen und Skinheads skandieren Arm in Arm mit gut bürgerlich aussehenden Deutschen: »Deutschland den Deutschen, Ausländer raus!« Die Rock- und Popwelt reagiert auf den wiedererstarkten Hass, darunter auch die Toten Hosen. Mit ihrem

Song »Sascha ... ein aufrechter Deutscher« positionieren sie sich (einmal mehr) klar gegen rechts.

Es sind Bilder, die einem noch heute einen kalten Schauer über den Rücken laufen lassen. Das Asylbewerberheim in Rostock-Lichtenhagen brennt lichterloh, innen sieht man die Schatten verzweifelter vietnamesischer Einwanderer, die hektisch Schutz vor den Flammen suchen. Vor dem Gebäude stehen Hunderte Neonazis sowie augenscheinlich gewöhnliche Bürger, die gemeinsam »Ausländer raus!« und »Wir kriegen euch alle!« rufen. Autos brennen, Molotowcocktails fliegen. Was in Deutschland eigentlich der Vergangenheit anzugehören schien, steht wieder mitten in der Gesellschaft.

Für die Hosen, die sich schon zu Beginn der Achtziger mit Skinheads prügeln, ist klar, dass sie ihre Popularität nutzen möchten, um dem Nazimob etwas entgegenzusetzen. Sie komponieren das Stück »Sascha ... ein aufrechter Deutscher«, der das Thema ironisch auffasst. »Der Sascha, der ist arbeitslos / Was macht er ohne Arbeit bloß?«, heißt es im Text. »Er schneidet sich die Haare ab / Und pinkelt auf ein Judengrab«. Unterlegt mit einem Polkarhythmus ist sofort klar: Die Hosen machen sich über die Dummheit von Neonazis lustig. An dem Song bereichern sie sich nicht, sondern sie spenden die Erlöse dem »Düsseldorfer Appell gegen Fremdenfeindlichkeit und Rassismus«. Satte 500 000 Mark können sie sammeln.

Lächerlich macht sich die Partei der »Republikaner«, die den Sascha-Song verbieten lassen möchte, weil sie im Text vorkommt. Doch die Düsseldorfer Staatsanwaltschaft hat dazu eine eindeutige Meinung: Das Lied habe das Potenzial »junge Menschen positiv zu beeinflussen« und zur »Deeskalation« beizutragen. Die Republikaner müssten es sich gefallen lassen, im Zusammenhang mit »Sascha« genannt zu werden. Die Klage wird natürlich abgewiesen.

Auch über die Republikaner-Klage hinaus ziehen die Hosen jede Menge Gegenwind von rechts auf sich. So erhalten die Düsseldorfer Punks Morddrohungen in Hülle und Fülle. »Krepiert an euren Parolen«, heißt es in den Briefen. Dem geistigen Durchfall sind keine Grenzen gesetzt. Doch die Hosen bleiben auf Kurs, sogar als Campinos Eltern per Telefon terrorisiert werden.

Heute bräuchten sich die Hosen ihre politische Gesinnung nicht mehr auf die Fahne schreiben, weil ohnehin jeder Bescheid weiß, erklärt Gitarrist Kuddel in einer Dokumentation. Das Problem von rechts haben wir leider erneut beziehungsweise immer noch.

DER ZERRISSENE TAUSENDER

Auch die Ärzte ruft der deutsche Rechtsruck zu Beginn der Neunzigerjahre wieder auf den Plan. Eigentlich hatten sich die Berliner Punks 1988 aufgelöst, doch 1993 finden sie wieder zusammen und bringen mit »Schrei nach Liebe« ihre unsterbliche Hymne gegen Neonazis raus. Campino hatte den Ärzten schon vorher prophezeit, dass ihre Trennung nicht von Dauer sein würde. Als es tatsächlich zur Reunion kommt, beendet ein Tausend-Mark-Schein die Fehde zwischen den beiden Bands. Und das kommt so ...

In den Achtzigern ist die Stimmung zwischen den Hosen und den Ärzten nicht unbedingt freundschaftlich. Seitenhiebe gegen die jeweils andere Gruppe stehen an der Tagesordnung; manchmal kommt es sogar zu handfesten Hieben, zum Beispiel vor dem Ballhaus Tiergarten in Berlin, als sich

Campino und die beiden Ärzte Bela B. und Sahnie nach zwei Flaschen Wodka prügeln. (Der Spitzname »Sahnie« ist übrigens eine Parodie auf den Künstlernamen »Campino«, der laut Legende durch eine Bonbonschlacht mit den gleichnamigen Sahnebonbons zustande kam.) Worum es damals bei dem Streit geht, weiß man heute nicht mehr so genau. Bela B. erzählt in einem Interview sogar, es habe sich eher um einen Spaßkampf gehandelt, der nachher größer gemacht worden sei, als er tatsächlich war. Doch die Auseinandersetzung sorgt nicht gerade dafür, dass sich die Rivalität zwischen den beiden Bands entspannt. Auch unter den Fans ist es eine Entscheidung, die man vermeintlich treffen muss: Beatles oder Stones? *Star Wars* oder *Star Trek*? Hosen oder Ärzte? Einige Jahre geht es so weiter – doch dann kommt es zu einem Knall der anderen Sorte.

1988 haben die Ärzte genug. Die Indizierung des Songs »Geschwisterliebe« war ein finanzieller Alptraum für die Band gewesen; auch weitere Musik der Gruppe wird boykottiert. Am 9. Juli 1988 geben die Berliner in Westerland auf Sylt ihr vorerst letztes Konzert und lösen sich auf. Doch Campino glaubt nicht an die endgültige Trennung.

Um ganze 1000 Mark wettet der Hosen-Frontmann mit Ärzte-Sänger Farin Urlaub, dass die Ärzte wieder zusammenfinden. Und tatsächlich: 1993 verkünden die Ärzte ihre Reunion. Farin Urlaub erinnert sich an die Wette, die Campino schon längst wieder vergessen hatte, und schickt dem Hosen-Sänger einen Briefumschlag mit einem Tausend-Mark-Schein. Dazu legt er eine Notiz mit der Aufschrift: »Du hattest recht.« Klar, Wettschulden sind Ehrenschulden, doch annehmen möchte Campino den Tausender trotzdem nicht ohne Weiteres. Er reißt die Banknote in zwei Hälften und schickt Urlaub eine davon zurück. Wenn sie sich das nächste Mal sähen, würden sie die 1000 Mark zusammen verfeiern – und genau so passiert es dann auch bei einer Party in Düsseldorf.

Ein bisschen Konkurrenz müsse es zwischen den Bands aber trotzdem immer irgendwie geben, erklärt Bela B. im Jahr 2003. Es sei ja auch total langweilig, wenn man jetzt allerbeste Freunde wäre und sich zu Kaffee und Kuchen einladen würde. Es mache auch Spaß sich aneinander zu reiben, und das Ganze bestehe zu 70 Prozent aus gegenseitigem Respekt. Das sieht Campino genauso. »Heute sind die Ärzte nicht nur respektierte, sondern auch geschätzte Kollegen«, erzählt er 2013 in einem Interview. Man schicke sich gegenseitig CDs und leihe sich auch mal einen Techniker aus der Crew aus, wenn Not herrsche. Dennoch: Es gebe nach wie vor gravierende Unterschiede zwischen beiden Bands. So hätten sich die Hosen immer als Kollektiv gesehen, erzählt Campino. Die Ärzte seien eher drei Profis, die sich zum Arbeiten träfen. Das empfinden die Berliner nicht anders. »Wir sehen uns als Individualisten«, erklärt Bela B. in einer Dokumentation. Dieses abweichende Selbstverständnis sei vielleicht der größte Unterschied zwischen beiden Bands.

Zu einem historischen Moment kommt es am 25. Juni 2022, als die Toten Hosen und die Ärzte gemeinsam auf der Bühne stehen. So geben die Ärzte im Rahmen der *Alles aus Liebe – 40 Jahre Die Toten Hosen*-Tour die beiden Hosen-Songs »Armee der Verlierer« und »Jürgen Englers Party« zum Besten. Anschließend stimmen sie ihren Mega-Hit »Schrei nach Liebe« an, für den auch die Hosen auf die Bühne rennen und die Berliner tatkräftig unterstützen. »Happy Birthday, alte Lieblingsfeinde«, witzelt Ärzte-Drummer Bela B., bevor die beiden Gruppen »Blitzkrieg Bop« von den Ramones covern.

Sogar einen gemeinsamen Song mit den Ärzten kann sich Campino inzwischen vorstellen, auch wenn er eine Kollaboration für unwahrscheinlich hält. Warum nun etwas plötzlich klappen sollte, das vorher 40 Jahre lang nicht funktioniert habe? »Aber man weiß ja nie«, schiebt er hinterher. Die Berliner Mauer sei ja auch irgendwann gefallen.

Trotz aller Freundschaft: Flapsige Sprüche gibt es zwischen den Hosen und den Ärzten immer noch. So treten die Ärzte 2023 beim Hurricane Festival in Scheeßel auf und geben im Rahmen ihrer Show bekannt: »80 000 Leute sind hier! Das sind zufälligerweise 10 000 mehr als bei Rock am Ring.« Genau dort hatten nämlich kurz zuvor die Toten Hosen gespielt.

AUF DEN SPUREN VON JIMI HENDRIX

Genau genommen beginnt die Geschichte der Hosen-Best-Of-Compilation *Reich & Sexy* am 16. Oktober 1968. An jenem Tag veröffentlicht die Jimi Hendrix Experience nämlich ihr drittes Album *Electric Ladyland* – und zwar mit einem Artwork, das sich Hendrix ein wenig anders vorgestellt hatte. So sind auf dem britischen *Electric Ladyland*-Cover von Fotograf David Montgomery 19 nackte Frauen zu sehen. »Das war nicht meine Entscheidung«, versichert Hendrix. Tatsächlich ist es seine britische Plattenfirma, die das anzügliche Artwork gegen den Willen des Musikers abdruckt – und das, obwohl Hendrix im Vorfeld sehr deutlich äußert, was er sich für das Cover vorstellt. Er bittet explizit darum, eine Fotografie von Linda McCartney zu verwenden (die damals noch nicht mit Paul McCartney verheiratet ist und deshalb noch Linda Eastman heißt). Das Motiv: ein Bild von

Hendrix und seiner Band mit einigen Kindern auf der »Alice im Wunderland«-Skulptur im New Yorker Central Park. Doch das UK-Label übergeht den berühmten Gitarristen einfach. Allzu große Probleme hat Hendrix damit nicht, wie er 1968 in einem Interview einräumt. »Ihr kennt mich: Mir hat es trotzdem gefallen«, erzählt er. Traurig sei nur, dass der Fotograf die hübschen Frauen auf dem Bild »hässlich« gemacht habe, möglicherweise durch ein Fischaugenobjektiv. »Das ist gemein«, protestiert Hendrix.

25 Jahre später gibt es erneut nackte Frauen auf einem Cover zu sehen – dieses Mal bei den Toten Hosen. Die lassen sich für das Cover ihrer Best-Of-Zusammenstellung *Reich & Sexy* vom britischen *Electric Ladyland*-Artwork inspirieren und begeben sich mit 13 unbekleideten Damen vor die Kamera – natürlich stilecht auf einem Leopardenfell und umgeben von goldenen Schallplatten, Geldscheinen, Zigarren und Champagner. Außerdem hält eine der Damen eine Best-Of-Platte von Jimi Hendrix in der Hand – ein Tribut an die ursprüngliche Idee. In ihrer kindlichen Vorfreude auf das Shooting fragen sich die Hosen, ob die Anwesenheit der Frauen sie nicht zu sehr »errege«. Es sei dann aber vor allem Arbeit gewesen, beschreibt Schlagzeuger Wölli das Shooting später. Und zwar eine Arbeit mit vielen »schlaffen Stunden«.

Aufgenommen wird das Bild von der deutschen Fotografin Gabo, die auch schon Herbert Grönemeyer, Boris Becker, Helmut Schmidt, Kevin Costner, Eric Clapton und Franka Potente abgelichtet hatte und eine heutige Ex-Partnerin von Campino ist.

In der Innenseite des Covers bringen die Toten Hosen einen unterhaltsamen Gruß an ein Label aus Frankfurt unter: das Ablehnungsschreiben, das besagte Plattenfirma den Hosen im Juni 1984 zugeschickt hatte. Ein Zitat daraus: »Unserer Meinung nach sind die musikalischen Zukunftsmöglichkeiten der Gruppe aus verschiedenen Gründen limitiert.« Über die Aussage dürften sich Campino und Co. beim Räkeln auf ihren goldenen Schallplatten köstlich amüsiert haben.

2002 veröffentlichen die Toten Hosen ein weiteres Best-Of-Album mit dem Namen *Reich & Sexy II*. Auch diesmal sind auf dem Cover nackte Frauen abgebildet – allerdings nicht 13 oder 19, sondern 90. Okay, zugegeben: Ganz so viele waren es dann doch nicht. Für die zwei Aufnahme-Sessions laden Fotografin Nina Pohl und Fotograf Andreas Gursky jeweils 30 bis 40 Frauen ein, die sie anschließend per Fotomontage zusammenschneiden. Eins der Shootings muss Gitarrist Breiti allerdings alleine absolvieren, wie Campino in einem Interview erzählt: »Als er in den Raum kam und sich den Morgenmantel auszog, fingen die Frauen alle an zu johlen – und er wurde knallrot.« Wir können es uns lebhaft vorstellen.

Wenige Wochen später bringen die Hosen ihre Best-Of-Zusammenstellung auch noch einmal in englischer Sprache raus, und zwar unter dem Namen *Love, Peace & Money*. Das Cover ähnelt der deutschen Variante, unterscheidet sich allerdings in zwei Punkten: Die Düsseldorfer sind darauf nicht mehr als verschwenderische Rockstars zu sehen, sondern als grimmig schauende Samurai. Und die nackten Damen scheinen nun eher asiatische Wurzeln zu haben.

BANKBESUCH MIT PAPA

Wenn der Sohnemann eine Karriere als Rockstar anstrebt, ist das für die Eltern nicht immer einfach. Das gilt auch für Campinos Zuhause, wo man schon verdammt gute Gründe braucht, um nicht an der Uni studieren zu müssen. Schließlich stammt der Düsseldorfer aus einer Akademikerdynastie: Vater Joachim hatte als Richter gearbeitet, Mutter Jennie in Oxford studiert. Und nicht nur das: Großvater Ludwig hatte kein geringeres Amt inne als das des ersten Präsidenten des Bundesverwaltungsgerichts. Klar, dass ein Studium in so einer Familie einen besonderen Stellenwert genießt. Dennoch schlägt Campino einen anderen Weg ein, wie wir wissen.

Campino wächst mit fünf Geschwistern auf. Sein zwölf Jahre älterer Bruder John ist es, der ihn mit britischem Punkrock in Kontakt bringt. Seine Eltern hätten vor allem eine Autoritätsfunktion gehabt, verrät Campino in einem Interview, aber ein vertrautes Verhältnis, wie er es bei Einzelkindern beobachtet habe, sei nicht vorhanden gewesen. In einem anderen Gespräch begründet Campino auch seinen Ehrgeiz mit der nicht immer leichten Kindheit. Wenn man das fünfte von sechs Kindern sei, müsse man schon zusehen, dass man etwas von der Wurst auf dem Teller abbekomme, sonst sei sie weg. Mitleid gebe es keins. »Da wird nicht fair verteilt, was da ist«, erklärt der Sänger. Schon damals habe er sich überlegen müssen, wie er nicht zu kurz komme, und habe deshalb früh das Clownsein als Kampfmittel entdeckt. Campinos Vater kann damit nicht wirklich etwas anfangen, genau wie mit der Musik seines fünften Kindes. Nicht nur einmal hört Campino von ihm den Ausruf: »Du bist so dämlich!« Immer wieder drängt der Vater seinen Sohn dazu, ein Studium zu beginnen und die Musik aufzugeben – bis ein Handschlag alles ändert. »Ich habe noch den letzten schlechten Rat von meinem Vater im Ohr«, erzählt Campino. Wenn Geld den jungen Sänger nicht so interessiere, solle er es zur Bank bringen, die würden sich dann schon darum kümmern. Campino nimmt den Rat an. Immer mal wieder besuchen er und sein Vater die Bank gemeinsam – bis einer der Besuche dafür sorgt, dass Papa Frege seinen Sohn nicht mehr zu einem Studium überreden will. »Weil der Filialleiter mir zuerst die Hand gegeben hat«, erinnert sich Campino. Vermutlich ist Sohnemann mit seiner erfolgreichen Band inzwischen einfach der dickere Fisch. Ganz ähnlich ergeht es den Hosen auch in der Stadtsparkassenfiliale in Düsseldorf-Flingern, wo die Freundlichkeit ihres zuständigen Mitarbeiters linear zunimmt – und zwar zum Kontostand der Band.

Nach dem Tod seines Vaters räumt Campino dessen Schreibtisch auf und findet dabei einen Schuhkarton voller Zeitungsartikel über die Toten Hosen. »Das hat mich berührt«, verrät er in einem anderen Interview. Zumindest ein bisschen stolz wird Papa also wohl gewesen sein.

HAARIGE ANGELEGENHEIT

Heute drehen wir uns kaum noch um, wenn uns auf der Straße ein Punk mit buntem Irokesenschnitt begegnet. Doch als die Szene Ende der Siebziger aufkeimt, treiben viele Jugendliche ihre Eltern mit dem britischen »Chic« in den Wahnsinn. Das gilt auch für Hosen-Bassist Andi. Als er sich zum ersten Mal die Haare färbt, setzt sein Verlagskaufmanns-Vater gleich zwei Jungs vor die Tür.

Eines Abends kommt Helmuth Meurer nach Hause und ist schockiert. Sein Sohn Andi und dessen Freund Campino haben sich die Haare gefärbt, in schwarz beziehungsweise rot. Nach einem verständnislosen »Nee, Andi ...« fährt Herr Meurer aus der Haut, beschimpft Campino mit einem »Du bist das alles schuld!« und schmeißt den Kumpel seines Sohnes raus. Die wütende Reaktion könnte unter anderem damit zu tun haben, dass Campino nicht etwa Reue zeigt, sondern sich über Helmuths Wutanfall kaputtlacht. Über den Rauswurf ist Andi so erbost, dass auch er das Weite sucht. Später ruft er seine Mutter an und gibt Bescheid, dass er bei einem Freund unterkommen konnte. Sie solle es aber nicht seinem Vater sagen. Mama Meurer ist erleichtert – doch als Andi satte fünf Tage wegbleibt, reißt auch ihr die Hutschnur, wie sie in einem Interview erzählt. (Andere Quellen nennen einen Zeitraum von zwei Wochen, doch Mama weiß vermutlich am besten, wie lange Sohnemann aus dem Haus war.) »Aus meinem Haus wird niemand rausgeschmissen«, sagt sie zu ihrem Mann. »Der kann machen, was er will.« Campinos Hausverbot bleibt allerdings über mehrere Jahre bestehen.

Die Fronten zwischen Andi und seinem Vater verhärten sich so weit, dass der zukünftige Hosen-Bassist sogar für ein Jahr in die USA flieht. (Mehr dazu an anderer Stelle in diesem Buch.) Erst später kommt es zu einer Aussöhnung zwischen den beiden.

Er habe lange gebraucht, um zu verstehen, warum das Punkäußere so schlimm für seinen Vater gewesen sei, verrät Andi in einem Interview. Er stamme schließlich aus einer ganz anderen Generation. Wahrscheinlich müsse man es so sehen: In dem Alter, in dem sich Andi die Haare gefärbt habe, sei sein Vater in den Zweiten Weltkrieg gezogen. In einem anderen Interview berichtet Andi, dass sein Vater später sogar stolz darauf gewesen sei, dass sein Sohn einen anderen Weg eingeschlagen habe.

Zur Wiedergutmachung der Streitigkeiten spielen die Toten Hosen auf dem 60. Geburtstag von Andis Vater. Die Anfrage kommt von Papa selbst. »Das kannst du gar nicht bezahlen«, antwortet Andi im Spaß, sagt aber natürlich zu und erscheint für die Feier sogar in einem Samtanzug. Ironischerweise handelt es sich bei dem Auftritt um das erste Konzert seines Sohnes, das Papa Meurer überhaupt sieht. Sechs Jahre lang habe er sich geweigert, so Andi in einer Talkshow. »Wenn mein Vater nicht zu unseren Konzerten kommt, dann kommen wir eben zu ihm«, scherzt der Bassist bei der Feier auf der Bühne. Drei Lieder sind geplant, doch die Hosen spielen ganze zwei Stunden. Die Leute hätten auf den Tischen getanzt, so Andis Mutter Annemie. Überhaupt: Andis Vater habe an jenem Abend gesehen, wie gut die Band wirklich sei. Vor allem die Texte hätten ihm imponiert, weil sie kein Blabla gewesen seien. Später sei er in Kaufhäuser gegangen, habe nach dem neuen Album der Toten Hosen gefragt und das Verkaufspersonal wissen lassen: »Die müssen Sie ganz nach vorne stellen!«

Mit Campino söhnt sich Andis Vater bei der Geburtstagsfeier übrigens auch noch aus, nimmt ihn in den Arm und sagt: »Du bist immer willkommen im Hause Meurer!« Ende gut, alles gut.

VOLKSHAUSSCHANDE

Von Konzerten, die völlig nach hinten losgehen, können wohl die meisten Bands ein Liedchen singen. Die Toten Hosen erleben einen ihrer musikalischen Tiefpunkte am 15. Oktober 1990, als sie nach durchzechten 48 Stunden die Bühne des Volkshauses in Zürich betreten. Der Abend wird als »Die Schande vom Volkshaus« in die Geschichte der Düsseldorfer eingehen.

13. Oktober 1990: Die Toten Hosen laufen in die Zielgerade ihrer *Auf dem Kreuzzug ins Glück*-Tour ein. Für die Konzertreise war es der Band gelungen, ihren Plan umzusetzen und weitestgehend nüchtern zu bleiben; zumindest so nüchtern, dass die Qualität der Musik nicht darunter leidet. Doch für den 13. Oktober steht ein Auftritt in Innsbruck auf dem Plan – am Tag danach haben Campino und Co. frei. »Super«, denken die Musiker. »Dann können wir ja heute feiern und uns morgen und übermorgen ausruhen.« Nach der Show in Innsbruck teilt sich der Tour-Tross auf. Schlagzeuger Wölli und Sänger Campino reisen mit zwei Security-Mitarbeitern und einem Teil der Crew schon einmal nach Zürich. Die anderen hingegen nehmen sich ein Hotelzimmer und möchten am nächsten Tag nachkommen. Die Feierlichkeiten beginnen an zwei Orten – und die Party dauert länger als gedacht.

Eine Chronik des Chaos: Schon am Abend des 13. Oktober legen die Toten Hosen mit Whiskey los – und mit Kokain. Damals haben sie noch nicht viel Erfahrung mit dem weißen Pulver, was sie allerdings nicht daran hindert, vier lange Lines auf einer Straßenkreuzung auszulegen, eine in jede Himmelsrichtung. An Schlaf ist danach natürlich nicht mehr zu denken.

Im Hotel bekommt den Adrenalinschub unter anderem Label-Mann Patrick Orth zu spüren, der in der ersten Nacht als Einziger schlafen gehen möchte. Doch abtrünnige Rudelmitglieder gibt es bei den Hosen zu jener Zeit nicht. Nach einigen erfolglosen Versuchen, Orth ans Telefon zu bekommen, versuchen Kuddel und Co., die Hoteltür des Partymuffels einzutreten. Nur der solide Stahlrahmen hindert sie daran.

Als die Musiker von ihrem ersten Ziel ablassen, nehmen sie stattdessen Tennisspielerin Gabriela Sabatini ins Visier, die zufällig im selben Hotel übernachtet, und nun das Opfer der Telefonstreiche der Halbstarken wird. Am Morgen des 14. Oktober 1990 muss Sabatini im Finale der BMW European Indoors Zurich 1990 gegen Steffi Graf antreten – und verliert krachend. Vielleicht, weil die Toten Hosen sie in der Nacht zuvor wachgehalten haben?

Patrick Orth kommt indes nicht vom Fleck und muss sich vom Hausmeister aus seinem Hotelzimmer herausschweißen lassen. Die Tritte der Vornacht haben den Türrahmen so verzogen, dass die Tür klemmt. »Sehr hoher Sachschaden«, notiert Campino später in seinem Tagebuch.

Erst am 15. Oktober 1990, kurz vor ihrem nächsten Konzert in Zürich, schalten die Hosen einen Gang zurück. Die Vernunft kommt zu spät. Zwar versucht Campino noch, einen klaren Kopf zu bekommen, indem er sein Gesicht in einen Eimer kaltes Wasser taucht. Doch die Toten Hosen sind granatendicht und das Konzert im Züricher Volkshaus wird zum Fiasko. Schon zu Beginn des Auftritts geht einiges schief. So möchte Campino besonders dynamisch rüberkommen und rennt motiviert auf die Bühne. Zumindest versucht er das, denn am Mikro angekommen, fällt er hin und kommt alleine nicht wieder auf die Beine. Weiter geht es mit Schlagzeuger Wölli, der noch nicht einmal mehr in der Lage ist, seine Trommelstöcke festzuhalten. »Reiß' dich jetzt zusammen«, brüllt Campino ihn an, der selbst kaum nüchterner ist. Die Band versucht, die Drumsticks mit Klebeband an Wöllis Händen zu fixieren. Doch die Situation ist hoffnungslos. Ohne ihren Trommler retten sich die Hosen notdürftig über ein paar Songs. Das 2 000-köpfige Publikum singt inbrünstig mit, um der Band Mut zu machen. Umso schlimmer muss es die Toten Hosen schmerzen, als sie den Gig nach nur 20 Minuten abbrechen müssen. Wölli beginnt zu weinen, Campino ebenso. Außerdem berichtet der Sänger später, er sei anschließend sofort wieder nüchtern gewesen, »vor Entsetzen«. Der Alkohol und die Drogen waren zum Problem geworden.

ÜBER DEN DURST

»Zehn kleine Jägermeister«, »Kein Alkohol (ist auch keine Lösung)«, »Weißes Rauschen«: Schon die Songtitel der Toten Hosen verraten, dass Rauschmittel in der Welt der Düsseldorfer eine wichtige Rolle spielen. So weit, so lustig. Doch Anfang der Neunziger wird der wilde Lebensstil zum ernsthaften Problem.

Dass sich junge Rockmusiker nicht unbedingt von Karotten und Fencheltee ernähren, ist bekannt. Auch die Toten Hosen lassen im Verlauf ihrer Karriere nicht viele Gelegenheiten aus, konsumieren Alkohol, Speed, Kokain und weitere Drogen. Alles andere hätte im Rollenverhalten untereinander zu Problemen geführt, verrät Sänger Campino in einem Interview. Denn wenn einer in Feierlaune gewesen wäre, hätten alle anderen mitziehen müssen. Nach dem großen Durchbruch mit *Auf dem Kreuzzug ins Glück* zu Beginn der Neunziger geraten die Dinge allerdings aus dem Ruder. Zum ersten Mal scheint der Rausch den Toten Hosen im Weg zu stehen, was sich zum Beispiel im Rahmen der Volkshausschande äußert. Wenig später spielen die Hosen einen weiteren miserablen Gig, diesmal beim Frauenfeld Open Air. Im Anschluss kommt es zu einer Krisensitzung, die ein wenig Wirkung zeigt. Doch auch nach der Intervention spitzt sich das Problem weiter zu und ab Mitte der Neunziger kann von einfachem »Feiern« keine Rede mehr sein. Gitarrist Kuddel trinkt schon morgens und fällt teilweise für komplette Sessions aus. Überhaupt ist er derjenige, der am stärksten auf die schiefe Bahn gerät – was durchaus zur Auflösung der Toten Hosen hätte führen können.

Doch zum Glück kommt es im Herbst 1997 auf Ibiza zu einer weiteren Krisensitzung. In einer Kritikrunde soll jedes Bandmitglied sagen, was gerade störend ist. Dabei kommt auch Kuddels Alkoholkonsum auf den Tisch. Er müsse sich entscheiden, lässt Campino den Gitarristen wissen, ob er die Band verlasse oder jetzt sofort in diesem Moment aufhöre zu trinken. Vor Kuddel steht ein angebrochenes Glas Rotwein. Er lässt es stehen. Bei den Toten Hosen spielt er noch heute. »Ich hatte keine zitternden Hände«, erzählt er später in einem Interview. Er sei wohl nicht körperlich abhängig gewesen, sondern eher aus Gewohnheit. Deshalb sei es gut gewesen, dass seine Bandkollegen ihn auf seinen hohen Alkoholkonsum hingewiesen hätten.

Sänger Campino stellt Jahre später fest: Die Grenze zwischen »charmantem Chaos« und »abgefucktem Rockstar-Tum« verläuft auf einer hauchdünnen Linie. Was seinen heutigen Umgang mit dem Thema Drogen betrifft, lässt sich der Sänger nicht so recht in die Karten schauen. So erzählt er in einem Interview von 2022, der Umgang mit Alkohol sei heute bloß ein anderer und nicht mehr so grenzüberschreitend. In einem weiteren Interview verrät er: »Es wäre natürlich schön, sich nicht sagen zu müssen: So eine wilde Erfahrung machst du nie wieder.«

Die völlig berauschten Tage der Toten Hosen scheinen allerdings der Vergangenheit anzugehören. Campino sagt nämlich auch: »Wir empfinden das nicht als Verrat, nüchtern auf die Bühne zu gehen.« Im Gegenteil: Alt besoffen zu sein, habe etwas Trauriges. In den ersten Karrierejahren der Band sei ein Leben ohne ständigen Rausch undenkbar gewesen.

LEARNING ENGLISH LESSON ONE

Schon nach ihrer ersten alkoholbedingten Krisensitzung zu Beginn der Neunzigerjahre ergreifen die Toten Hosen Maßnahmen, die sie wieder auf den rechten Weg führen sollen. Das klappt zwar nicht so ganz, doch darum soll es jetzt nicht gehen. Um wieder einen klaren Kopf zu bekommen, besinnen sich die Hosen auf ihre Anfangstage – und nehmen ein Punkalbum mit ihren großen musikalischen Helden auf.

»Never change a winning team«, heißt es im britischen Fußball. Die Toten Hosen stehen 1990 allerdings eher auf der Verliererseite. Zwar feiern sie immer größere Erfolge, doch intern machen den Düsseldorfern die Drogen und der Alkohol zu schaffen. Auch für solche Situationen gibt es ein britisches Sprichwort: »Go back to square one« – und genauso handhaben es auch die Hosen.

Um den Spirit ihrer Anfangstage wiederzufinden, möchten Campino und Co. noch einmal in die Zeit eintauchen, in der für sie alles noch ein großer Spaß war. Als noch keiner an der Flasche hing oder zu viel kokste. Deshalb reisen sie im Winter 1990 nach England, um dort einige ihrer alten Punkfreunde zu treffen, wie zum Beispiel Arturo Bassick von The Lurkers und Honest John Plain von The Boys. Sie möchten Hallo sagen und ein paar Bierchen trinken – doch daraus wird schnell mehr. »Was wäre«, fragen sich die Toten Hosen bereits am ersten Abend, »wenn wir ein Album mit all unseren Helden aufnehmen würden?« Vielleicht würde es den Düsseldorfern dabei helfen, ihr altes Feuer wieder zu entfachen. Sie nehmen das Projekt in Angriff und begeben sich auf die Suche nach weiteren Musikern aus ihrer Jugend. Manchmal gelingt das besser, manchmal schlechter. Soziale Medien und

Handys oder gar Smartphones gibt es noch nicht; stattdessen helfen den Hosen ein paar Telefonnummern auf Bierdeckeln, die Arturo fleißig gesammelt hat. Ihre alten Idole arbeiten inzwischen beim Radio (Matt Dangerfield von The Boys) oder als Friedhofsgärtner (Nick Cash von 999). Arturo bietet den alten Bandbus der Lurkers für Umzüge im Londoner Raum an. Doch sie alle sagen zu.

Die Jungs, die da auf der Platte zu hören seien, wären maßgeblich mitverantwortlich dafür, dass es die Hosen überhaupt gebe, verrät Bassist Andi. Es habe großen Spaß gemacht, einige ihrer Hits noch einmal neu einzuspielen. Gitarrist Kuddel findet vor allem interessant, wie der Sound der alten Helden zustande kommt. Die Hosen hätten im Vorfeld viel herumprobiert, um so zu klingen wie die Originalbands, und das sei alles andere als einfach gewesen.

Tragisch ist die Geschichte um den ehemaligen New-York-Dolls-Frontmann Johnny Thunders, der ebenfalls an der Platte mitwirkt. Für ihn handelt es sich bei seiner Aufnahme mit den Hosen nämlich um die letzte seines Lebens. Schon als Campino die Punklegende höchstpersönlich am Flughafen abholt, ist Thunders' Heroinsucht nicht zu übersehen. Er wirkt aschfahl und kann kaum sprechen. »Let me drive the car«, scherzt er. Campino weiß nicht, ob er lachen oder weinen soll. Auch während der Arbeit an ihrem gemeinsamen Song »Born To Lose« merken die Hosen, dass es nicht gut um Thunders bestellt ist. Nach jeder gesungenen Zeile nickt er ein; er braucht unzählige Anläufe, bis die Nummer fertig ist. Seinen Gitarrenpart nimmt Thunders in einem der Badezimmer des Kölner Studios auf, in dem *Learning English Lesson One* entsteht. Das ist auch eine der Geschichten, die er einem Freund erzählt, als er wieder zum Flughafen gefahren wird. Ganz euphorisch berichtet er von den Sessions mit den Hosen.

»Solange Johnny Thunders lebt, bleibe ich ein Punk«, hatte Campino in »Wort zum Sonntag« gesungen. Am 23. April 1991 passiert, was sich abgezeichnet hatte: Zwei Tage nach den Aufnahmen mit den Toten Hosen erliegt Thunders mit nur 38 Jahren seiner Heroinsucht. Sein letztes Foto zeigt ihn an der Seite von Campino.

Einen weiteren berühmten Musiker holen die Hosen mit Ramones-Frontmann Joey Ramone an Bord. Er und Campino kennen sich bereits: 1989 hatte der Hosen-Frontmann den New Yorker Punk für den deutschen *Musikexpress* interviewt. Für *Learning English Lesson One* singen sie gemeinsam »Blitzkrieg Bop«, einen der größten Hits der Ramones. Für Joey Ramone bedeutet die Aufnahme eine Premiere, denn später wird er für die Kollaboration mit den Hosen seine allererste goldene Schallplatte in Empfang nehmen.

Learning English Lesson One hat genau den Effekt, den sich Campino und Co. erhofft hatten: Ihre Power ist wieder da und sie können endlich gestärkt ins neue Jahrzehnt blicken. Zwar müssen sie den Tod von Johnny Thunders verarbeiten und auch ihre eigenen Alkohol- und Drogenprobleme sind noch nicht vom Tisch. Doch mit ihrem englischsprachigen Projekt legen die Hosen einen dicken Grundstein für ihre Erholung in den nächsten Jahren.

HELAU, BUENOS AIRES

Wenn Sänger Campino sein T-Shirt auszieht, kann man es sehen: sein Oberarm-Tattoo mit dem Bild der argentinischen Tangolegende Carlos Gardel. Darunter steht der Slogan »Mi Buenos Aires querido« – zu Deutsch: »mein geliebtes Buenos Aires«. Seit inzwischen 30 Jahren touren die Toten Hosen regelmäßig durch Argentinien. In keinem Land außerhalb von Deutschland waren sie bisher öfter zu sehen. Da drängen sich gleich mehrere Fragen auf: Wieso eine deutschsprachige Band? Wieso gerade Argentinien? Und wie hat das alles angefangen?

Die Spuren führen zu Michael Reichel aus Karlsruhe. Denn er ist es, der den Toten Hosen zu Beginn der Neunziger die Tür nach Südamerika öffnet. Von 1988 bis 1990 arbeitet er in Buenos Aires für die Deutsche Bank. Er kündigt, zieht wieder nach Deutschland, 1992 kehrt er nach Südamerika zurück. Höchstpersönlich bringt er einigen argentinischen Radiosendern Kassetten von den Toten Hosen vorbei. »Dann habe ich Kiki [Ressler, Tourleiter der Toten Hosen – Anm. d. Aut.] angerufen und gesagt: ‚Kommt einfach mal rüber'«, erzählt Reichel im Interview. Die Flugtickets bezahlt Reichel selbst. Vor allem Campino ist zu Beginn skeptisch, denn Argentinien genießt in seiner Familie nicht gerade den besten Ruf. Seine britische Mutter entsorgt sogar einmal bestes Rindfleisch, als sie herausfindet, dass es aus Argentinien stammt. Die Begründung für die Abneigung: der Falklandkrieg von April bis Juni 1982. Mit einem Überraschungsangriff überrumpelt Argentinien damals die Briten und möchte die Falklandinseln zurückerobern. Doch England schlägt zurück und gewinnt die militärische Auseinandersetzung. Die Narben sitzen tief, Campino übernimmt den Hass seiner Mutter. Dann erzielt Diego Maradona bei der Fußballweltmeisterschaft 1986 auch noch ein Tor mit seinem Finger und wirft England mit der Aktion aus dem Turnier. Die Sterne stehen schlecht für ein Hosen-Konzert in Argentinien. Doch Campino und die Toten Hosen sagen trotzdem zu, fliegen nach Buenos Aires – und der Sänger muss innerhalb kürzester Zeit mit vielen Vorurteilen aufräumen.

»Das ging am Flughafen los«, erzählt Campino in einem Interview. Die Grenzbeamten hätten die Band mit offenen Armen begrüßt, denn sie seien vorbereitet gewesen. »In Argentinien reden die Leute über Politik wie unsereins übers Wetter, wahnsinnig gebildete Leute sind das«, erklärt Campino. Man habe eben gewusst, dass da eine Band aus Europa komme und die Begegnung sei so warmherzig gewesen, dass sich Campino für sich selbst geschämt habe, und dafür, was für einen Quatsch er über Argentinien gedacht habe. »Ich habe danach dem lieben Gott versprochen, ich werde nie mehr über ein Land urteilen, in dem ich nicht selber war«, gelobt er.

Der geplante Konzertabend scheint zunächst etwas schwieriger zu werden als die gefeierte Ankunft der Gruppe. Die Toten Hosen sollen nach der argentinischen Punkband Pilsen spielen – doch kaum jemand ist da. Das ändert sich, je später es wird, bis die Halle um vier Uhr morgens schließlich aus allen Nähten platzt. Ganze 2000 Zuschauer strömen herbei, um die Düsseldorfer Punks live und in Farbe zu sehen. Nein, sie zu erleben, mit allem, was dazugehört. Erst zum Frühstück lassen sie die Hosen gehen. »Die Argentinier finden es gut, wenn man auf der Bühne ohne Rücksicht auf Verluste agiert, denn sie selbst tun das ebenfalls«, berichtet Bassist Andi in einem Interview. Schlagzeuger Vom ergänzt: »Es ist wie beim Fußball: Wenn sie das Team lieben, geben sie alles.« Es gibt aber noch eine andere Seite der Medaille. »Die Argentinier nehmen vieles persönlicher«, erklärt Campino in einem Interview. Die Beziehung zu den Hosen ist in positiver Hinsicht persönlich. So spielt die Band zum Beispiel 2001 in Argentinien, als dort eine schwere Finanzkrise tobt. Der Ticketpreis von umgerechnet etwa drei Euro sei bloß symbolisch gewesen, erklärt Campino. »Sowas vergessen die Leute nicht«, ergänzt er.

Die Argentinier lieben ihre Toten Hosen und umgekehrt. Als »Befreiungsschlag« und »Explosion« bezeichnet Hosen-Gitarrist Kuddel den Stellenwert der Rockmusik in Argentinien, einem Land, das politisch betrachtet lange gelitten hat.

1996 bestreiten die Toten Hosen und Iggy Pop das Vorprogramm eines der letzten Konzerte der Ramones im »Estadio River Plate« in Buenos Aires. Im Jahr 2000 drücken Hosen-Fans bei einem Konzert in der argentinischen Hauptstadt vor Begeisterung so stark gegen die Bühne, dass sie nachgibt und zusammenkracht. Ganze Straßen werden für die Hosen abgesperrt, damit sie Open-Air-Konzerte geben können. Noch heute spielen Campino und Co. regelmäßig in Südamerika. Im Jahr 2012 werden sie sogar zu Ehrenbürgern von Buenos Aires ernannt. Die Band und Argentinien seien ein eingespieltes Ehepaar, erklärt der Sänger 2017 in einem Interview zum 25-jährigen Südamerika-Jubiläum der Hosen. Ein Ende ist noch lange nicht in Sicht. Die Band sei so oft herzlich empfangen worden, habe tolle Länder kennengelernt, erzählt Campino – und verspricht: Der Draht nach Argentinien »bleibt trotzdem unsere kleine Geschichte hier. Das ist ohne jeden Hype entstanden, ohne eine Plattenfirma. Das ist einfach so gewachsen.« Wünschen wir den Hosen, dass es so weitergeht.

VIVA LA CUBA

Im Mai 2001 zieht es die Toten Hosen einmal mehr in die Ferne. Diesmal ist allerdings der Schwierigkeitsgrad höher.

Das kommunistische Kuba ist zu Beginn der 2000er-Jahre nämlich nicht unbedingt für seine Liebe zu westlich geprägten Künstlern bekannt. Das bekommen die Toten Hosen dann auch gleich zu spüren.

Überall Geheimpolizei. Das ist es, was Campino sieht, als er von der Bühne in der kubanischen Hauptstadt Havanna blickt. Das Publikum tanzt Pogo. Sowas kennen die kubanischen Beamten nicht und sie fragen sich, ob es normal ist. Wenig später beantwortet Campino ihre Frage: Er klettert (wie so oft) an der Bühne empor und zerstößt mit seinem Kopf eine Lampe. »Das ist definitiv nicht normal«, werden die Polizisten gedacht haben. Denn nur wenige Sekunden später schalten sie den Strom ab und beenden das Konzert.

Wir alle kennen die Bilder von den schönen alten Autos auf Kuba. Was auf dem Festland längst auf Schrottplätzen vermodert, fährt hier zu Beginn der 2000er-Jahre noch top gepflegt umher. Das sieht idyllisch aus, hat aber harte politische Gründe: Um die Jahrtausendwende ist Kuba durch das US-Handelsembargo weitestgehend von der Außenwelt abgeschnitten. Die alten Autos sind nur deshalb noch fahrtüchtig, weil es keine Alternative gibt. Ersatzteile für die Oldtimer lassen sich gerade so beschaffen, allerdings nur mühsam. Und genau wie bei den Autos, ist es auch in anderen Bereichen des Lebens. Wohl auch deshalb haben die Polizisten kein Verständnis dafür, dass Campino mutwillig eine funktionierende Lampe per Kopfnuss zerstört. Das Kuba-Konzert der Hosen dauert gerade einmal 40 Minuten.

Dabei ist es für die Hosen eine Chance, die noch lange nicht jedem zuteilwird: Zum ersten Mal seit Fidel Castros Machtübernahme darf damals eine internationale Rockband ein Konzert mit freiem Ticketverkauf auf der Insel geben. Anlass ist die Musikmesse Cubadisco. Die Hosen sollen der

Headliner des Abends sein. Das mit dem »Head« versteht Campino aber irgendwie falsch.

Es sei trotzdem ein gelungenes Auswärtsspiel gewesen, halten die Hosen später in ihrem Kuba-Tourtagebuch fest. Und es sei auch in Deutschland noch nicht so lange her, dass man ihnen den Strom abgedreht habe.

2015 werden die Handels- und Reisebeschränkungen in Kuba erheblich gelockert. Heute dürften Lampen dort also nicht mehr so ein kostbares Gut sein wie vor mehr als 20 Jahren. Vielleicht ist die Insel den Hosen ja nochmal eine Reise wert?

DIE TOTEN HOSEN ON ICE

12. August 1995, Düsseldorfer Eisstadion: Ein Schiedsrichter mit Lockenperücke pfeift die Fouls der beiden Mannschaften auf dem Eis. Hosen-Gitarrist Kuddel sitzt mit Gipsarm am Spielfeldrand und jubelt seinen Bandkollegen zu. Sänger Campino versucht, den Puck an seinem Schläger festzukleben. Der Puck wiederum ist mit Feuerwerkskörpern versehen. Die Halle gleicht einem Irrenhaus. Und dafür gibt es einen guten Grund: Die Leningrad Cowboys aus Finnland sind zu Gast und spielen ein Match gegen die Toten Hosen.

Wie genau das Spiel zustande kommt, ist nicht überliefert. Laut einer Berliner Tageszeitung ist der Auslöser eine Begegnung mit einem finnischen Eishockey-Profi, einem Mitglied der Leningrad Cowboys und einem Mitarbeiter eines späteren Sponsors des Spiels, einer großen finnischen Mobilfunkfirma. Laut anderen Quellen soll ein hitziges Gespräch über den besten Eishockeyclub der Welt zwischen den Hosen und den

Leningrad Cowboys dazu geführt haben, den Disput auf dem Eis zu klären. So oder so: Die Idee eines Benefizspiels entsteht. Und schon wenig später hat das Vorhaben einen Namen: »Eishockey Super Bowl – Powerplay des Wahnsinns«. Das finnische Team verpasst sich die Bezeichnung »Pietarinkadun Oilers«, was frei übersetzt so viel bedeutet wie: »Die Kumpel aus der Petergasse«. Als Herausforderer melden sich die »Knochenbrecher Düsseldorf«, zu denen auch die Toten Hosen gehören.

Im Vorfeld der Partie hätten die Düsseldorfer Punks jeden Tag trainiert und nichts anderes als Nudeln gegessen, beschreibt Campino das dreiwöchige Trainingslager. Nicht nur das: Breiti, der zu jener Zeit übrigens zum ersten Mal in seinem Leben Schlittschuhe trägt, geht beim Rollerblade-Training so engagiert zur Sache, dass er sich verletzt. Mit sieben Stichen muss er genäht werden. Für das Spiel steht er aber zum Glück wieder auf dem Eis, denn die Hosen können jede Unterstützung gebrauchen. Deshalb mischt auch nicht nur die Band selbst mit: Campinos Brüder, einige Altinternationale wie zum Beispiel Erich Kühnhackl sowie die Profis der Düsseldorfer Eislauf-Gemeinschaft greifen den Hosen unter die Arme. Für die Hosen dürfte das ein ganz besonderes Erlebnis gewesen sein, denn die Band und den Verein verbindet eine innige Beziehung.

Vor allem Campino erlebt den Düsseldorfer Eishockeyclub schon in frühester Kindheit. So wohnt seine Familie in einer Wohnung in der Brehmstraße, die sich im fünften Stock befindet. Von dort aus kann man nicht nur das Stadion sehen, sondern sogar eine Hälfte der Eisfläche. Als Schüler besuchen er und Bandkollege Breiti die Spiele der Düsseldorfer dann auch *im* Stadion. Er habe dort seine Gesangsausbildung erhalten, erzählt Campino später.

Als die Düsseldorfer EG im Jahr 2012 in Schwierigkeiten gerät, springen die Hosen dem Verein zur Seite. Stolze

2,5 Millionen Euro fehlen, damit der Club in der ersten Liga bleiben kann. Der bisherige Hauptsponsor hat sein Engagement eingestellt. Um die EG zu unterstützen, gründen die Hosen den DEG-Club 2012, mit dem sie Spenden für den Verein sammeln. Außerdem erkaufen sie sich als Sponsor einen Platz auf den Warmlauftrikots der Mannschaft.

2018 gehen die Hosen mit ihrer Eishockeyliebe sogar noch einen Schritt weiter und bekleben den Mannschaftsbus der Kölner Haie mit dem Logo der Düsseldorfer EG. Dafür rücken sie extra mit Leitern an, um den großen Aufkleber auf dem Dach des Busses anzubringen. Ein klarer Affront kurz vor dem Derby am 19. Oktober 2018, das die Haie 3:4 verlieren.

Zurück ins Jahr 1995: Das Spiel gegen die Leningrad Cowboys ist an Spannung kaum zu überbieten. Am Ende des zweiten Drittels steht es 8:3 für Düsseldorf. Eine Schmach für die finnischen Gäste, die teilweise in der US-amerikanischen Profiliga NHL spielen. Doch im letzten Drittel starten die Finnen eine Aufholjagd. Bis kurz vor Schluss steht es 10:10, herbeigeführt durch ein Tor von Campino. Nur fünf Sekunden vor Abpfiff legt Leningrad-Cowboys-Sänger Sakke Järvenpää allerdings noch einmal einen Alleingang hin und schießt das Tor zum spielentscheidenden 11:10. Die Hosen müssen sich geschlagen geben. Fortan konzentrieren sie sich lieber wieder auf die Musik. »Das können wir zwar auch nicht«, räumt Campino in einem Interview ein. »Aber es fällt weniger auf.« Eigentlich hat das Spiel sowieso einen ganz anderen Hintergrund: Mit dem Erlös aus den verkauften Tickets können die Hosen dem Eishockey-Nachwuchs der Düsseldorfer EG 160 000 Mark spenden. Dass die Hosen und die Leningrad Cowboys damals ohne Helme spielen, haben sich die jungen DEG-Spieler aber hoffentlich nicht abgeguckt.

ROTE ROSEN

Hässliche Pullover, vorgetragene Gedichte, Unmengen an Eierlikör: Die Feiertage machen nicht immer nur Spaß. Ein bisschen erträglicher wurden sie im Jahr 1998, als die Toten Hosen unter dem Pseudonym Die Roten Rosen das Weihnachtsalbum *Wir warten auf's Christkind* veröffentlichten. Endlich hatte auch die Punkwelt einen adäquaten Soundtrack zur Feier der Ankunft Christi. Doch wie kam es zu der eigenwilligen Platte?

Die Geschichte der Roten Rosen beginnt 1987. Frontmann Campino fährt damals zu einer Bandprobe und hört nebenbei Radio. Als der Sender einen Schlager spielt, kommt ihm eine Idee: Schlager im Punkrock-Gewand. Von seiner Eingebung bis zur Abmischung des Albums *Never Mind The Hosen – Here's Die Roten Rosen* dauert es gerade einmal zehn Tage. Die Band sei damals mit einem Kasten Bier ins Studio gegangen und habe einfach Sachen aufgenommen, erinnert sich Bassist Andi. Die Platte sei eigentlich für eine Veröffentlichung unter der Hand geplant gewesen, nur zum Schmunzeln. Doch daraus wird weitaus mehr. Ob »Im Wagen vor mir« von Henry Valentino, »Itsy Bitsy Teenie Weenie Honolulu-Strand-Bikini« von Caterina Valente oder »Wir« von Freddy Quinn: Kein Hit ist vor den Hosen sicher. Mit ihrer Cover-Sammlung erreicht die Band zum ersten Mal die Charts und steigt mit Platz 21 in die Top 30 ein. »Das war das erste Mal, dass unsere Lieder liefen, wenn du in eine Kneipe gekommen bist«, erinnert sich Gitarrist Breiti. Genauso schnell ist allerdings wieder Schluss. Für die Roten Rosen geht es erstmal wieder in den Urlaub – doch sie sollen noch einmal zurückkehren.

11 Jahre später: 1998 markiert ein düsteres Jahr. Der Kosovokrieg bricht aus, in Afrika flammen verschiedene militärische Konflikte auf. In Deutschland herrscht schon deshalb Unruhe, weil die Ära Helmut Kohl nach 16 Jahren endet und stattdessen Gerhard Schröder das Zepter als deutscher Bundeskanzler übernimmt. Die Toten Hosen versuchen zu verdauen, dass einige Monate zuvor auf ihrem 1000. Konzert die 16-jährige Rieke Lax ums Leben gekommen ist. Abstand scheint nötig. Möglicherweise auch deshalb reaktivieren die Hosen ihre Alter Egos und veröffentlichen Ende des Jahres ein lautstarkes Weihnachtsalbum unter ihrem alten Pseudonym Die Roten Rosen.

»O Tannenbaum« in 80 Sekunden, Schnee, der alles andere als leise rieselt, und das Slade-Cover »Merry X-mas Everybody«: Mit Besinnlichkeit hat die Platte herzlich wenig zu tun und die Toten Hosen stellen einmal mehr unter Beweis, dass sie vor nichts Halt machen. Die Aufnahme der Platte findet im Sommer statt. Um trotz strahlender Sonne in Weihnachtsstimmung zu kommen, hängen die Hosen die Fenster ihres Studios ab, drehen den Thermostat auf 15 Grad herunter, vertilgen Unmengen an Weihnachtsgebäck und trinken Tee. »Ab 17 Uhr wurde dann Gott sei Dank der Glühwein gereicht«, erinnert sich Basisst Andi in einem Interview. »Sonst hätten wir das nicht durchgehalten.« Doch der Einsatz wird honoriert: *Wir warten auf's Christkind* entwickelt sich zum meistverkauften deutschsprachigen Weihnachtsalbum und beschert der Band die siebte Platinveredelung ihrer Karriere. Besonders eigenwillig klingt übrigens der Closer »Still, Still, Still«, in dem Gitarrist Kuddel so schräg und schief »singt«, dass man sich tatsächlich nichts sehnlicher wünscht als ein bisschen Stille. Ab der Jahrtausendwende kursiert im Netz ein Video, in dem ein offensichtlich stark alkoholisiertes 3Danimiertes Männchen mit Weihnachtsmütze und Flasche in der Hand das Stück zum Besten gibt – und anschließend einfach umfällt.

Bis heute weisen die Hosen jede Zugehörigkeit zu den Roten Rosen von sich und behaupten, es handele sich dabei um eine eigenständige Band. So sei es mit der Gruppe nach dem Weihnachtsalbum steil bergab gegangen und sie sei 2012 im brasilianischen Dschungel verschollen. Zweifel an der Qualität ihrer Kollegen hatten die Hosen allerdings nie. So schreiben die Düsseldorfer auf ihrer Website, dass die Roten Rosen unbestritten Weltklasse gehabt hätten und in einem Atemzug mit den großen Künstlern der Weihnachtsbranche genannt werden müssten, wie zum Beispiel Bing Crosby, André Rieu und Jesus. Nun gut.

EIN UNGLEICHES PAAR

1995 nehmen die Toten Hosen an einer Veranstaltung teil, bei der man sie nicht unbedingt erwartet hätte: dem evangelischen Kirchentag. Dort lernt Campino den Abt Stephan Schröer kennen, der den Hosen-Sänger zu einer Klausurwoche in die Benediktinerabtei Königsmünster in Meschede einlädt. Womit der Abt vielleicht nicht gerechnet hat: Campino nimmt die Einladung an.

Der Sänger der Toten Hosen in einem Kloster? Zugegeben, das wirkt auf den ersten Blick seltsam. Auf den zweiten Blick aber schon weniger: Campino wächst in einem christlichen Haushalt auf. Sein Vater Joachim Frege ist sogar Presbyter. Damals möchte Campino von all dem noch nicht viel wissen.

Doch je älter er wird, desto mehr entdeckt er, dass der christliche Glaube Kraft spenden kann.

Bei seinem Klosteraufenthalt Mitte der Neunziger kommt Campino zur Ruhe. Die Toten Hosen stecken damals mitten in der Arbeit an ihrem neunten Studioalbum *Opium fürs Volk*, also kann er durchaus eine Pause gebrauchen. Doch die Teilnahme am Klosterleben (halb fünf aufstehen, fünfmal täglich beten, Messwein) inspiriert ihn und er kommt auf einige der Texte für das Album, dessen Titel er der Religionskritik von Karl Marx entleiht. Campino wird nach diesem Erlebnis öfter im Kloster zu sehen sein. »Das ist ein unglaublicher Ort der Konzentration«, sagt der Hosen-Sänger fast zehn Jahre später in einem Interview. Wenn man seine Ruhe zum Arbeiten wolle, bekäme man ein Kämmerchen und könne sich dort tagelang einschließen.

2008 kehrt er einmal mehr in die Abtei Königsmünster in Meschede zurück. Diesmal spricht Campino dort vor 500 Jugendlichen und erzählt von seinem Glauben. Der Tod seines Vaters habe dazu geführt, seine Einstellung zum Glauben noch einmal zu überdenken. Er habe auf dem Dachboden alte Briefe seines Vaters gefunden, die er damals im Zweiten Weltkrieg von Russland nach Deutschland geschickt habe. Daraus gehe hervor, dass Gottvertrauen ihm dabei geholfen habe, die schwierigsten Situationen zu überstehen. Nachdem Campino fertig ist, suchen die Jugendlichen den Kontakt zu ihm. Sie möchten natürlich Autogramme und Fotos, doch auch Gespräche kommen zustande – im wahrsten Sinne über Gott und die Welt.

Wenige Wochen später besucht Campino mit Breiti und Andi eine Schule und redet auch dort über seinen Glauben. Er stellt den Schülern viele Fragen, ist begeistert davon, wie viele Gedanken sich die jungen Menschen machen. Die kritischen Sichtweisen findet er super und kann sie nachvollziehen. Er gibt den Jugendlichen allerdings mit auf den Weg, dass sie die positiven Seiten des Glaubens nicht aus den Augen verlieren sollen. Viele Leute würden im Namen des Glaubens unglaublich gute Sachen machen, über sich selbst hinauswachsen und Kräfte gewinnen, die nur durch ihren Glauben zu erklären seien.

Zum Schluss meldet sich ein Schüler und sagt, er sei Bayern-Fan. Wie die Hosen auf das Lied gegen die Bayern gekommen wären, möchte er wissen. Alle lachen amüsiert. Campino entgegnet: Das sei ein gutes Beispiel für die negativen Auswirkungen des Glaubens. Wie man denn an einen Verein wie den FC Bayern glauben könne. Er würde sich in diesem Fall sofort den Ungläubigen anschließen wollen.

So erreicht man Jugendliche wohl am ehesten: Wenn man sich selbst nicht allzu ernst nimmt.

BAYERN

1999 ist kein einfaches Jahr für den FC Bayern München. Zwar kann der Verein mit größerem Punkteabstand die Deutsche Meisterschaft gewinnen. Doch im Champions-League-Finale muss sich das Team gegen Manchester United geschlagen geben. Das Endspiel des DFB-Pokal verlieren die Süddeutschen im Elfmeterschießen gegen Werder Bremen. Zum ersten Mal in ihrer Geschichte ziehen die Bayern in gleich zwei Endspielen den Kürzeren. Und das ist noch nicht alles: Als sich auch noch die Toten Hosen öffentlich über den Club lustig machen, platzt Manager Uli Hoeneß der Kragen.

Für die Komposition des Songs »Bayern« holen sich die Toten Hosen Unterstützung von Liedermacher Funny van Dannen. »Nie im Leben würde ich zu Bayern gehen«, heißt es im Text, der wirklich kein gutes Haar an Deutschlands erfolgreichstem Fußballverein lässt. Weiter geht es mit: »Was für Eltern muss man haben / Um so verdorben zu sein / Einen Vertrag zu unterschreiben / bei diesem Scheißverein«. Autsch.

Für das Musikvideo setzen die Toten Hosen auf die Unterstützung von Regisseur Peter Thorwarth, der auch die Ruhrpott-Kulttrilogie *Bang Boom Bang - Ein todsicheres Ding* (1999), *Was nicht passt, wird passend gemacht* (2002) und *Goldene Zeiten* (2006) geschaffen hatte. In dem Clip ist zu sehen, wie die Hosen amateurhaft kicken – auf dem Ascheplatz von Alemannia 08 in ihrem Stadtteil Düsseldorf-Flingern.

Nach der Veröffentlichung des Songs »Bayern« im Dezember 1999 zeigt sich der FCB zunächst gelassen. »Da stehen wir drüber«, erklärt Trainer Ottmar Hitzfeld in einem Interview. Den FC Bayern interessiere nicht, was die Toten Hosen machen. Das sei doch bloß wieder eine dieser Gruppen, die damit versuche, bekannt zu werden – eine Aussage, über die sich die Hosen später in den Backstage-Räumen ihrer Stadiontourneen kaputtgelacht haben dürften. Auch Mittelfeldspieler Torsten Fink äußert sich zu dem Schmählied: »Was die singen, ist uns scheißegal.« Wenn Campino kein Sänger geworden wäre, wäre er froh, beim FC Bayern spielen zu dürfen, so der Fußballer. Pressesprecher Markus Hörwick verkündet damals, dass Manager Uli Hoeneß den Text noch gar nicht kenne. Doch das ändert sich – und Hoeneß nimmt den Hosen-Song noch weniger sportlich auf als der Rest seines Clubs. »Das ist der Dreck, an dem unsere Gesellschaft irgendwann ersticken wird«, erklärt der Bayern-Manager wütend. Sogar rechtliche Schritte wolle er einleiten, so ein Gerücht. Campino macht sich einen Spaß daraus und stellt damals in einem Interview fest: »Dabei haben Hoeneß und ich viele Dinge gemeinsam.« So werde Hoeneß zum Beispiel nie den Elfmeter vergessen, den er in der Nacht von Belgrad 1976 verschossen habe, als es um die Europameisterschaft gegangen sei – und Campino auch nicht.

Immer wieder stellen die Hosen in Interviews klar, dass der »Bayern«-Song unter anderem deshalb zustande gekommen sei, weil sie davon ausgegangen seien, dass sie als Fans eines Regionalliga-Clubs sowieso niemand ernst nehme. So erklärt Gitarrist Breiti 2019: »Als BVB-Fans hätten wir diesen Song sicher nicht aufgenommen.«

Zumindest ein Bayern-Spieler versteht die Ironie des Hosen-Songs und macht den Spaß mit. Nicht nur das: Bayern-Star und Nationalspieler Jens Jeremies ist zur Jahrtausendwende sogar so begeistert von den Toten Hosen, dass er sich ganz förmlich für eines ihrer legendären Wohnzimmerkonzerte bewirbt. »Er hat mit sehr höflichen Worten auf einer Postkarte bei uns angefragt«, erinnert sich Hosen-Gitarrist Breiti. Also spielt die Band in Jeremies' Partykeller. Der Spieler habe den Raum mit allen Bayern-Mannschaftsfotos aus seiner Karriere dekoriert und das »Bayern«-Lied selbst am lautesten mitgesungen. Im Jahr 2000 werden die Bayern übrigens wieder deutscher Meister und holen den DFB-Pokal; auch 2001 dürfen sie am Ende der Saison die Meisterschale hochhalten und gewinnen zudem das Champions-League-Finale.

Jahre später glätten sich die Wogen zwischen den Bayern und den Hosen ein wenig. So erklärt Uli Hoeneß 2010 in einem Interview, dass Campino mit Markus Babbel befreundet sei und dass der dem Sänger offenbar einiges dazu erzählt habe, was den FC Bayern ausmache. Campino habe sich geändert und sehe den FC Bayern heute anders. Hoeneß sei der Meinung: »Leute, die sich für eine Sache, für den Fußball, so begeistern können, können keine Idioten sein.« Lassen wir das mal so stehen. Auch Campino findet im Lauf der Jahre wärmere Worte für den Bayern-Manager und späteren -Präsidenten. Zu Uli Hoeneß' 60. Geburtstag lässt der Sänger sogar einen Gruß springen und lobt den Fußballfunktionär für seine Arbeit. »Man kann mit Bayern München nur ordentlich als Feind umgehen, wenn man unsachlich bleibt«, erklärt der Hosen-Frontmann in einem Interview. Sobald man sich an Fakten halte, werde es schwierig mit der Abneigung. Außerdem räumt Campino an jenem Abend ein, dass die süddeutschen CD-Verkäufe der Hosen seit der Veröffentlichung des Anti-Bayern-Songs arg gelitten haben.

Bei einem Hosen-Konzert in München lobt Campino den FC Bayern einmal mehr. Die Geschichte des Clubs in der Nazizeit sei einfach großartig. Auf eine Spitze in Richtung Uli Hoeneß kann die Band dann aber doch nicht verzichten und dichtet kurzerhand ihren Song »Zehn kleine Jägermeister« um: »Zehn kleine Jägermeister wollten Steuern spar'n / Hoeneß wurde eingelocht, die anderen durften fahr'n«. Eins zu null für die Hosen!

MIT GESCHWELLTER BRUST

Ihre Liebe zur Fortuna Düsseldorf nehmen die Toten Hosen ernst. So ernst, dass sie dem Club in gleich mehreren dunklen Phasen der Vereinsgeschichte unter die Arme greifen. Doch wie genau sehen die Kooperationen aus?

Von Anfang der Siebziger bis Ende der Achtziger erstrahlt die Fortuna Düsseldorf in hellem Glanz und gehört zu den Stammmannschaften in der ersten Bundesliga. 1979 und 1980 kann der Verein sogar zwei DFB-Pokalsiege in Folge abräumen. Doch als der Club 1987 in die zweite Liga absteigt, ist das der Beginn großer Probleme. Schon damals leisten die Toten Hosen Schützenhilfe und unterstützen die

Düsseldorfer 1989 beim Kauf des Fortuna-Köln-Spielers Anthony Baffoe sowie bei der Profiverpflichtung des Jugendspielers Oliver Gensch. Dafür führen sie die sogenannte Fortuna-Mark ein und geben von jedem verkauften Ticket eine Mark an den Verein ab. Ganze 150 000 Mark kommen bei der Aktion zustande. Das reicht zwar noch nicht für den neuen Kader, doch als Düsseldorf tatsächlich wieder aufsteigt, gibt es einen ordentlichen Zuschuss aus der Vereinskasse und der Club kann sich neu aufstellen. Die Toten Hosen witzeln nachher, dass sie im Grunde »das rechte Bein« von Baffoe bezahlt haben. Besonders ironisch: Auf ihrer Finanzierungs-Tour halten die Toten Hosen natürlich auch in Köln und luchsen den Domstädtern somit quasi Geld für ihren eigenen Spieler ab.

Im Verlauf der Neunziger entwickeln sich die Düsseldorfer zu einer sogenannten Fahrstuhlmannschaft. Mal spielt die Fortuna in der ersten Liga, mal in der zweiten oder sogar noch niedrigklassiger. Ab 1998 geht es für das Team bloß noch bergab und die Tabellenplatzierung in der Regionalliga gerät jedes Jahr schlechter. Der Club leidet zunehmend unter finanziellen Schwierigkeiten. Doch 2001 treten einmal mehr die Toten Hosen auf den Plan.

»Egal ob dritte oder vierte Liga – Fortuna gehört zu Düsseldorf wie Altbier oder der Rhein«, erklärt Campino damals in einem Interview. Für ganze zwei Jahre möchte die Rockband den Fußballverein als Trikotsponsor unterstützen, lässt ihre aktuelle Tour von der Altbierbrauerei Diebels sponsern und spendet eine Million Mark an die Fortuna. Die Hosen hoffen, damit einen Beitrag leisten zu können, dass es mit dem Club weiter und hoffentlich auch wieder aufwärts gehe, so die Musiker in einem Statement zu dem Sponsoring. An den sportlichen Schwierigkeiten kann die Hilfe zwar kurzfristig nichts ändern, denn 2002 steigt der Club von der Regionalliga in die Oberliga ab, die damals die vierthöchste Spielklasse ist. Doch die Sanierung legt wichtige Grundsteine. 2004 können die Düsseldorfer wieder aufsteigen. Steil nach oben geht es ab 2009. So kickt sich die Fortuna von der Regionalliga in die neue dritte Liga hinauf und ohne große Umschweife gelingt der Durchmarsch in die zweite Bundesliga. Dort hält sich der Verein seitdem ziemlich standhaft.

2012 erreicht die Fortuna sogar das Relegationsspiel und kann in die erste Liga aufsteigen. Vor dem entscheidenden Match gegen Hertha BSC Berlin treten die Hosen im Mannschaftshotel der Fortuna auf und spielen »Tage wie diese« und »You'll never walk alone«. Die Motivation wirkt: Nach zwei Spielen steht es 4:3 für Düsseldorf und die Fortuna ist nach vielen Jahren wieder erstklassig. Lange halten kann sie sich dort aber nicht.

Mit ihrem Engagement für einen Fußballverein stehen die Toten Hosen unter Musikern nicht alleine da. So kooperieren die Heavy-Metal-Legenden Iron Maiden im Jahr 2019 mit West Ham United, dem Lieblingsverein von Bassist Steve Harris. Elton John ist fest mit seinem FC Watford verwoben. Ja, sogar die britischen Hardrocker Motörhead springen 2006 als Trikotsponsor ein, und zwar für die U10-Mannschaft des britischen Greenbank FC.

Bei den Fortuna-Trikots mit dem Toten-Hosen-Logo auf der Brust handelt es sich heute um beliebte Sammlerstücke. Das äußert sich auch 2019, als die Hosen erneut mit Fortuna kooperieren und ein Sondertrikot rausbringen, mit dem der Fußballverein am 23. November im Ligaspiel gegen den FC Bayern München antritt. Als die Mannschaft mit dem Hosen-Logo ausgerechnet gegen die Bayern spielt, »geht sowas wie ein Kindheitstraum in Erfüllung«, kommentiert die Band.

Düsseldorf verliert mit 0:4. Trotzdem sind die Sondertrikots erneut in Windeseile ausverkauft – weshalb die Hosen und Fortuna gleich noch eine Neuauflage des Trikots aus der Saison 2001/02 hinterherschieben.

URBAN JUNGLE

Hupende Autos, verzweifelte Polizisten und zehn Kilometer Stau: Am 30. Mai 1990 kommt es in Köln zu einem Verkehrschaos. Der Grund: Die Toten Hosen spielen im Müngersdorfer Stadion, zehntausende Besucher reisen an. Na gut, vielleicht liegt das auch an den Rolling Stones. Die spielen nämlich nach den Hosen.

Zwei Tage lang gastieren die britischen Rocklegenden im Mai 1990 in der Domstadt. Beide Konzerte müssen unter erhöhten Sicherheitsvorkehrungen stattfinden, denn kurz vor den Shows erhält Stones-Sänger Mick Jagger eine Morddrohung. Die Stones mieten die gesamte sechste Etage des Kölner »Hyatt«-Hotels, die sie gewissenhaft abriegeln. Das Security-Team besteht aus muskulösen Ordnern, die teilweise bewaffnet sind und Hunde dabeihaben. Der Atmosphäre kann die erhöhte Alarmstufe aber nichts anhaben. Der Rockzirkus ist in der Stadt und die Kölner freuen sich.

Dass die Vorband ausgerechnet aus Düsseldorf kommt, muss das Publikum verdauen. Die Hosen stoßen kurzfristig zu der Tour; nur eine Woche zuvor besuchen sie ein Stones-Konzert in Hannover, um sich ein Bild von den damals schon betagten Briten machen zu können. Was sie sehen, gefällt ihnen – und sie schlagen ein.

Nach dem Konzert in Hannover begegnen Trini und Campino in der Tiefgarage noch dem Stones-Bassisten Bill Wyman und seinem Fahrer. Ob er ein wenig Geld für den Parkautomaten wechseln könne, möchte Campino vom Chauffeur wissen. Trini unterhält sich derweil mit Wyman. Tatsächlich wirft der Fahrer den jungen Punks ein paar Mark hin und knurrt, dass sie jetzt besser das Weite suchen. Wyman lässt sich nicht beirren und widmet sich wieder der Dame in seinem Arm. Es handelt sich übrigens um seine letzte Tour mit den Stones.

Vorband zu sein, ist so eine Sache, vor allem, wenn man für Stadionbands eröffnet. Meist erfährt man als Support-Act nämlich nicht unbedingt eine pflegliche Behandlung, vor allem durch die Road-Crew des Headliners. Das bekommen auch die Toten Hosen zu spüren, die vor den beiden Support-Gigs extra einen britischen Bühnenchef engagieren, der sich mit alteingesessenen englischen Crews auskennt. Sein Rat: organisiert Kokain. So geschieht es dann auch und die Hosen erkaufen sich mit insgesamt acht Gramm Koks zusätzliche acht Kanäle auf dem Live-Mischpult. Hosen-Gitarrist Breiti erinnert sich etwas anders an den Abend und erzählt in einem Interview, dass die Stones den Hosen keine Probleme gemacht hätten. Doch im Rahmen ihrer Bühnenzeit spielen die Düsseldorfer auch zwei Songs der Beatles – und dafür wird es sicher einen Grund geben.

Was die Stones für ihre Show auffahren, ist selbst nach heutigen Standards beeindruckend. 287 Mitarbeiter rollen mit den Briten durch Europa; 64 Trucks und zehn Nightliner kommen für die *Steel Wheels/Urban Jungle*-Tour zum Einsatz. Kein Wunder: Mick Jagger und Co. haben eine 500 000-Watt-starke Musikanlage dabei sowie eine 2,4-Millionen-Watt-Lichtanlage – vom Equipment der Rocklegenden ganz zu schweigen. Ihre 72 x 30 Meter große Bühne füllen die

Stones mit Bravour aus. Die insgesamt 140 000 Besucher der zwei Kölner Konzerte danken es ihnen.

Zu einer Begegnung der anderen Art kommt es hinter der Bühne, denn als Hosen-Mitarbeiter Uwe Faust in einem besonders energiegeladenen Moment durch den Backstage-Bereich fegt, übersieht er einen kleinen Mann am Büffet – und rennt aus Versehen Mick Jagger um. Der nimmt es gelassen, dürfte sich angesichts der vorherigen Morddrohungen aber mindestens erschrocken haben.

»Es war eine besondere Erfahrung und auch eine Ehre, für die großen Meister die Abende zu eröffnen«, erinnern sich die Hosen 30 Jahre später in einem Facebook-Post an ihr Auswärtsspiel mit den Stones. Dass die Hosen so lange im Geschäft bleiben werden, zeichnet sich 1990 bereits ab. Dass aber auch die Stones 30 Jahre später noch immer auf der Bühne stehen, ist der absolute Wahnsinn.

IT'S A LONG WAY TO THE TOP

Düsseldorf, Oktober 1978: Der junge Campino bricht nach Hamburg auf, um eine seiner Lieblingsbands zu sehen. Er gehört zu den glücklichen Musik-Fans, die AC/DC noch mit ihrem zweiten Sänger Bon Scott erleben werden und ist live dabei, als Gitarrist Angus Young auf Scotts Schultern über die Bühne reitet. Campino habe die australische Gruppe geliebt, obwohl er zu der Zeit bereits leidenschaftlicher Punk gewesen sei, schreibt er in einem Artikel. Überhaupt seien AC/DC die einzigen Rockstars gewesen, für die er sich in seinem Punkleben noch interessiert habe.

2001 sind die Toten Hosen längst selbst Rockstars und haben Konzerte mit U2 und den Rolling Stones auf dem Buckel. Was kann da noch kommen, fragt man sich als Musik-Fan. Für Hosen-Sänger Campino gibt es auf diese Frage eine klare Antwort: AC/DC – und genau die rufen zu Beginn der 2000er bei den Düsseldorfern an.

Ob die Hosen die Australier auf ihrer Deutschland-Tournee unterstützen würden, möchten AC/DC wissen. Die Frage müssen sie nicht zweimal stellen. Die Toten Hosen stimmen zu und spielen ganze vier Konzerte mit den Rocklegenden. Am 10. Juni 2001 gastiert der Tross am Hockenheimring, am 17. Juni in Hannover, am 29. Juni in Nürnberg und am 8. Juli im Kölner Müngersdorfer Stadion. Zusätzlich zu den Shows mit AC/DC bemühen sich die Toten Hosen um Kontraste. So spielen sie während der laufenden Mega-Tournee auch Clubshows in Osteuropa und geben in Osnabrück eins ihrer legendären Wohnzimmerkonzerte.

Die gemeinsamen Shows von den Hosen und AC/DC werden ein voller Erfolg und die beiden Gruppen passen besser zueinander als man auf den ersten Blick meinen könnte.

In einem Interview mit Campino erinnert sich Angus Young an den ersten AC/DC-Auftritt außerhalb ihrer australischen Heimat: »Obwohl es Punk als solchen noch nicht gab, sagten die Leute: ‚Oh, das hört sich verdammt nach Punkrock an.'« Auch Campino lässt keinen Zweifel daran, dass AC/DC unter Punks generell einen hervorragenden Ruf genießen.

Ob Campino von all dem schon etwas ahnt, als er sich im Oktober 1978 auf den Weg nach Hamburg zum AC/DC-Konzert macht?

FRISS ODER STIRB

Zu Beginn der 2000er treten Musikvideos auf MTV immer weiter in den Hintergrund. Stattdessen zeigt der Sender zunehmend Reality-TV-Formate, darunter heutige Klassiker wie *Jackass* und *MTV Cribs*. 2004 bekommen auch die Toten Hosen ihre eigene MTV-Sendung. Der Name des Formats: *Friss oder stirb*.

Die Show begleitet die Düsseldorfer Punkrocker durch ihren Alltag. Auch die Mitarbeiter der Hosen kommen dabei zu Wort und geben exklusive Einblicke in das mittelständische Unternehmen hinter der Band. So richtig relevant ist das Format schon damals nicht – und mit mehr als 20 Jahren Abstand schon gleich gar nicht. Zu oft werden Campino und Co. in *Friss oder stirb* dabei gezeigt, wie sie ein bisschen halbgar provozieren – ein wenig drüber, aber immerhin lustig. Reality-TV soll das sein, doch vieles wirkt inszeniert.

Dass in der Sendung nicht nur die ganz alltäglichen Situationen gezeigt werden, verraten schon die Titel der Folgen. »Balkan Sommertour« heißen die ersten beiden Episoden. Außerdem fährt das Kamerateam mit den Hosen zu einem Golfturnier (lustig: die Punks in der High Society), schaut ihnen bei der Arbeit an ihrem Album *Zurück zum Glück* über die Schulter, begleitet die Gruppe zu Rock am Ring, beim Fallschirmspringen und nach London. Immer wieder drängt sich dabei der Gedanke auf: Die Hosen tun so, als wäre ihr Alltag ein bisschen witziger als er tatsächlich ist, zum Beispiel, wenn sich Kuddel auf dem Tennisplatz demonstrativ eine Zigarette anzündet.

Doch ob Reality oder nicht: Unterhaltsam ist *Friss oder stirb* allemal. Man sieht den Hosen nach, dass sie durchaus ein Gespür dafür haben, wann die Kamera läuft. Denn wo ist Reality-TV schon wirklich real?

BRUCHLANDUNG

Ein Stagedive hat viel mit Vertrauen zu tun. Schließlich ist es von Vorteil, wenn man als Musiker nicht nur von der Bühne springt, sondern unten auch vom Publikum aufgefangen und bestenfalls ein bisschen getragen wird. Bei einem Konzert in Aurich gehen zumindest die letzten beiden Dinge für Campino gehörig schief.

Am Tag, als die Toten Hosen 1985 den Punk in die ostfriesische Stadt Aurich bringen möchten, macht Campino auf unliebsame Weise Bekanntschaft mit dem Boden vor der Bühne, wie er in einer Talkshow erzählt. Das ostfriesische Publikum scheint von Stagediving nämlich noch nicht viel gehört zu haben und denkt wohl: »Oh je, da kommt was geflogen. Da gehen wir lieber mal zur Seite.« Und das, obwohl Campino sogar noch mitdenkt und auf eine besonders hohe Box steigt, damit sich die Zuschauer darauf einstellen können, dass er nun zum Sprung ansetzt. Zukünftig lasse er sich nur noch bei den Konzerten ins Publikum fallen, bei denen es so voll sei, dass keiner zur Seite gehen könne. »Schön war's in Aurich«, beendet er die Anekdote unter dem Gelächter des Publikums. Erst 2002 kehren die Hosen in die ostfriesische Stadt zurück. Was Verletzungen betrifft, soll es noch lange nicht Campinos letzte sein.

FAN-LEIDENSCHAFT

8. Juni 2008, Nürburgring: Tote-Hosen-Sänger Campino erklimmt die Spitze der Hauptbühne von Rock am Ring und 85 000 Menschen schauen ihm dabei zu. So weit, so gewöhnlich. Doch warum ist der Fuß des Frontmannes eingegipst? Und was hat König Fußball mit der spektakulären Aktion zu tun? Beginnen wir vorne – bei einem Match des FC Liverpool.

Es ist kein Geheimnis, dass Campino zu den leidenschaftlichen Fans der »Reds« gehört. Selten verpasst er ein Spiel des FC Liverpool. Auch am 30. April 2008 schaut er zu, als das nordbritische Fußballteam im Champions-League-Halbfinale beim FC Chelsea in London gastiert. Das Hinspiel war 1:1 ausgegangen. Beim Rückspiel steht es nach 90 Minuten ebenfalls unentschieden, doch weil diesmal ein eindeutiges Ergebnis hermuss, geht die Partie in die Verlängerung. Dann beginnt der Alptraum für Campino: 98. Minute, Elfmeter für Chelsea. Frank Lampard trifft, es steht 2:1. Sieben Minuten später verwandelt Didier Drogba zum 3:1. Zwar kann Liverpool in der 117. Minute noch einen Anschlusstreffer erzielen, doch es bleibt beim 3:2 und Chelsea zieht ins Finale des größten europäischen Fußballwettbewerbs ein. Liverpool muss als Verlierer die Heimreise antreten.

Der Spielverlauf macht Campino wütend. So stinkwütend, dass er beherzt gegen eine Mülltonne tritt – und sich dabei den Fuß bricht. Aua. »Ein gezielter harter Kick mit dem Vollspann gegen eine öffentliche Mülltonne sollte der Enttäuschung über das Scheitern seines Teams Ausdruck verleihen«, erklären die Toten Hosen kurz darauf in einer Pressemitteilung. Campino selbst gibt später zu Protokoll: »Ich bin der lebende Beweis dafür, dass man sich auch mit 45 noch wie ein 15-Jähriger fühlen und benehmen kann.« Es ist ein kurzer Wutausbruch mit Folgen. Denn der Tritt bringt das geplante Live-Comeback der Gruppe ins Wanken: Nur wenige Wochen nach dem Unfall sollen die Hosen bei Rock am Ring und Rock im Park zu sehen sein und vor vielen Zehntausenden ihre Rückkehr auf die große Bühne feiern. »Normalerweise verletze ich mich erst bei Rock am Ring«, räumt Campino ein. »Dieses Jahr bin ich aber so heiß, dass ich damit schon ein paar Wochen vorher angefangen habe.«

Wenige Tage nach der Verletzung dürfen die Fans der Gruppe wieder locker durch die Hosen atmen: »Wir spielen!«, verkünden die Düsseldorfer. Für Campino bedeutet die Entscheidung, dass er den Auftritt am Nürburgring mit eingegipstem Bein absolvieren muss. Ein Kuriosum, denn üblicherweise rennt der engagierte Frontmann vom einen Ende der Bühne zum anderen und wieder zurück, legt Klettereinlagen ein und lässt sich vom Publikum als Stagediver umhertragen. 2008 … ist es genauso. »Ich mache das heute wieder, auch mit diesem Scheißfuß!«, ruft Campino am Abend des Auftritts und springt in die Menge. 200 Meter legt er auf den Armen der Zuschauer zurück, einmal mitten auf das Festival-Gelände und wieder zurück zur Bühne. Doch es ist nicht seine gewagteste Aktion an jenem Abend.

Mit einem gebrochenen Bein könnte Campino ja auch mal halblang machen, sollte man meinen. Doch trotz seiner Verletzung baut er am 8. Juni 2008 eine Show-Einlage ein, die sich die meisten auch mit gesunden Beinen nicht trauen würden. Mitten im Konzert der Hosen kraxelt der Sänger unter Jubelrufen die etwa 30 Meter hohen Bühnengestänge des Mega-Festivals hinauf, gibt dabei den Song »Mehr davon« zum Besten und zündet oben angekommen ein bengalisches Feuer, das stimmungsvoll durch die Nacht leuchtet. Gänsehaut garantiert!

Es handelt sich dabei mitnichten um Campinos einzige Kletterpartie. Schon 1987 ignoriert er beim dänischen Roskilde Festival die Anweisung, »maximal drei Meter« in die Höhe zu klettern. Als die Toten Hosen im Müngersdorfer Stadion in Köln im Vorprogramm der Rolling Stones spielen, legt er am Bühnenmast 50 Höhenmeter zurück. Ja, sogar als Campino und Co. wenig später die irischen Rock-Superstars U2 supporten, klettert der Sänger weiter. Bisweilen wird es bei Campinos Klettertouren auch richtig haarig. Im September 1992 spielen die Toten Hosen zum Beispiel ein Open-Air-Konzert in der Züricher Altstadt, bei dem Campino einen acht Meter hohen Lautsprecherturm erklimmt. Womit der Frontmann nicht gerechnet hatte: Der Turm fängt bedrohlich an zu wackeln – und Campino muss sich durch einen Fenstersprung in ein nahegelegenes Haus retten. 1997 treten die Hosen im Club »Sargento Pimienta« in der peruanischen Hauptstadt Lima auf. Erneut steigt Campino in die Höhe. Dabei hält er sich aus Versehen an einer Stromleitung fest und macht einen unsanften Abgang in die Tiefe. Zum Glück verletzt er sich dabei nicht ernsthaft. Wenn er auf eine Bühne gehe und live spiele, so erklärt Campino einmal in einem Interview, dann schalte er seinen Kopf aus. Woher er komme und wohin er gehe, interessiere ihn in dem Moment gar nicht.

Der Auftritt der Hosen bei Rock am Ring 2008 markiert den Abschluss des Festivals. Auch Rage Against The Machine und Metallica treten damals als Headliner am Ring auf, doch mit seinem akrobatischen Engagement schafft es Campino, die internationalen Größen in den Schatten zu stellen.

Es soll übrigens noch elf Jahre dauern, doch am 1. Juni 2019 tritt Campino wohl nicht gegen eine Mülltonne, denn endlich gelingt es: An jenem Tag gewinnt der FC Liverpool nämlich 2:0 gegen Tottenham Hotspur – und holt damit den ersten Champions-League-Titel seit 2005.

ZWEI WELTEN

Campino steht für die Toten Hosen nicht nur als Sänger auf der Bühne, sondern gastiert auch gerne mal in TV-Talkshows. Ein ganz besonderer Auftritt ereignet sich in den Neunzigern in der Sendung *Boulevard Bio*. In der Show mit Alfred Biolek taucht Campino nämlich nicht alleine auf – sondern mit seiner Mama.

Campino und seine Mutter in einer Talkshow? Gemeinsam? In den Achtzigern ist das eigentlich noch undenkbar. Mama Frege kann mit dem Punkwerdegang ihres Sohnemanns nämlich so gar nichts anfangen. Vielleicht liegt das daran, dass sie als englische Muttersprachlerin tatsächlich versteht, worum es in den Songs geht, die sich ihr Sohn anhört. Von Anarchie ist darin die Rede und davon, dass die britische Königin eine Faschistin sei. Es muss sich für sie angefühlt haben wie ein Angriff auf ihre Heimat.

Schnell verhärten sich die Fronten zwischen Campino und seiner Mutter. Jahrelang stellt Jennie Frege ihrem Sohn bloß das Frühstück vor die Nase und verlässt dann sofort wieder den Raum. »It's such a shame«, kann man sie dabei oft murmeln hören. Außerdem verbietet sie Campinos Schwester Lizzie, das Zimmer ihres Bruders zu betreten, damit er ihr keine Punkplatten vorspielen kann.

Erst nach Campinos Auszug nähern sich Campino und seine Mutter wieder an und versuchen, die Perspektive des jeweils anderen einzunehmen. Das äußert sich auch, als die beiden gemeinsam in der Talk-Sendung *Boulevard Bio* auftreten – als geplantes Aufeinandertreffen der Generationen quasi. Biolek kann es sich natürlich nicht nehmen lassen, Campino in Mamas Beisein auf den Hosen-Song »Ficken, Bumsen, Blasen« anzusprechen und möchte wissen, wie seine Mutter denn mit solchen Textzeilen umgehe. Die Antwort übernimmt die schlagfertige Mama Frege einfach selbst: »Die geht gar nicht damit um.« Campino muss schmunzeln.

Jahre später wird Campino in einem Interview nach seinem schönsten TV-Auftritt gefragt – und nennt das Bio-Gastspiel mit seiner Mutter. Moderator Biolek habe seine Mutter sehr nett behandelt. Sie sei sehr aufgeregt gewesen. Für Campino habe der Auftritt mehr bedeutet als nur eine Fernsehsendung. »Ich habe meine Mutter von diesem Abend an irgendwie besser verstanden und sie mich auch«, erzählt er. »Das hat uns verbunden, das war süß.«

Es handelt sich übrigens nicht um Campinos letzten Auftritt bei Alfred Biolek. Am 1. März 1993 sind er und Gitarrist Kuddel in Bioleks Kochsendung *Alfredissimo* zu Gast und zaubern vor der Kamera ein Rumpsteak mit Altbier-Senfsauce. Guten Hunger!

TAGE WIE DIESE

Im Jahr 2011 passiert den Toten Hosen etwas, wovor sich jeder Musiker fürchtet: Sie möchten ein neues Album schreiben – und ihnen fällt absolut nichts ein. Doch aus der Kreativlosigkeit der Düsseldorfer entsteht unter anderem ihr größter Hit: »Tage wie diese«.

Das ist die Geschichte der Nummer.

Im Demostadium heißt der Song noch »Kreise drehen«. Am Text kann man es ablesen: »Wir lassen uns treiben, tauchen unter, schwimmen mit dem Strom / Drehen unsere Kreise, kommen nicht mehr runter, sind schwerelos«. Kuddel nimmt das Stück im Jahr 2010 zuhause auf und lässt sich dafür von »Black Betty« inspirieren, einem Worksong des 20. Jahrhunderts – allerdings in der Version der Siebziger-Rockband Ram Jam. Begeistert ruft er Campino an, der »Kreise drehen« ebenfalls mag. Doch gleich am nächsten Tag klingelt Kuddel noch einmal durch. Sein Sohn Tim findet das Lied nicht gut. Auch bei Tochter Chelsea springt der Funke nicht über. Enttäuscht legen die Hosen das Stück beiseite. Doch im Sommer 2011 geht Campino mit einer alten Freundin schwimmen – und ihr kommen die zündenden Ideen.

Bereits im Jahr 2006 hatten Campino und Birgit Minichmayr gemeinsam auf der Bühne des Berliner »Admiralspalastes« gestanden. Der Anlass: Rainer Maria Brandauers Inszenierung von Bertold Brechts *Dreigroschenoper*, in der Campino den Mackie Messer gegeben hatte und Minichmayr dessen Partnerin Polly (mehr dazu im entsprechenden Kapitel). Seitdem sind die beiden in gutem Kontakt geblieben und nun, da die Hosen mit dem Songwriting für das Album zu ihrem 30. Jubiläum im Morast feststecken, ruft Campino seine Kollegin Minichmayr zur Hilfe. Er bittet sie darum, sich das neue Material einmal anzuhören. Zügig treffen sich die beiden in Österreich. Campino bringt eine CD mit den neuen Ideen mit. »Kreise drehen« möchte er Minichmayr eigentlich gar nicht vorspielen, doch als sie den Song hört, lobt sie ihn. Das sei das bisher beste Stück und man müsse nur noch ein wenig am Text schrauben. So passiert es dann auch.

Als Campino und Minichmayr fertig sind, heißt das Stück »Tage wie diese«. Minichmayr hat das Potenzial des Songs erkannt, den die Hosen beinahe aussortiert hätten. Nach der Veröffentlichung wird das Stück schnell zum Selbstläufer. Platz eins in den Single-Charts, drei Wochen lang die Pole Position in den Airplay-Charts, »Hit des Jahres« bei der Echo-Verleihung 2013, »Erfolgreichstes Werk« beim Deutschen Musikautorenpreis 2013: »Tage wie diese« schlägt unerwartet heftig ein. Es soll der bekannteste Song der Toten Hosen werden.

Was diesmal anders ist? Vielleicht zum allerersten Mal sei es egal, ob das Lied von den Hosen komme oder nicht, mutmaßt Campino in einem Interview. Bisher hätten viele Fans die Songs der Band gemocht, *weil* sie Anhänger der Hosen seien. An »Tage wie diese« fänden auch Nicht-Hosen-Fans Gefallen – *obwohl* der Song von den Hosen komme. Es sei ein großes Glück, nach 30 Jahren Bandgeschichte noch solch einen Hit zu landen, findet er. Er wisse nicht, ob die Hosen in jungen Jahren mit so viel Erfolg zurechtgekommen wären.

Die Beliebtheit des Songs bekommen die Hosen gleich in mehrfacher Hinsicht zu spüren. Zum einen klingelt die Kasse, zum anderen kommt es zu mehreren Coverversionen. Eine der neuesten (von 2023) stammt von der US-amerikanischen Sängerin Anastacia. Schon vor Jahren hatte Campino den Text des Songs ins Englische übersetzt. »Best Days« heißt die US-Variante und sie ist auf Anastacias Album *Our Songs* zu finden. Auch Schlager-Megastar Helene Fischer singt »Tage wie diese« im Rahmen ihrer Sommertour 2013. Eine Veröffentlichung ihrer Version auf CD unterbinden Campino und Co. allerdings. Eigentlich hatten sie ja auch der CDU verboten, den Song zu nutzen …

ANRUF VON ANGELA

Nach 40 Jahren Bandgeschichte haben sich die Toten Hosen einen Ruf erspielt. Als Krachmacher der Nation kennt man sie vor allem als Punkvertreter und Störenfriede, die sich auf und abseits der Bühne gerne gesellschaftskritisch äußern. Ein einziges Campino-Interview reicht, um zu wissen: CDU-Fan ist er nicht. Dennoch singt die Union am 22. September 2013 in ihrer Berliner Zentrale ausgerechnet den Hosen-Song »Tage wie diese«, um ihren Erfolg bei der jüngsten Bundestagswahl zu feiern. Kanzlerin Angela Merkel weiß zu jener Zeit noch nicht einmal, dass es sich um ein Lied der Toten Hosen handelt. Immerhin: Später ruft sie Campino an, um sich bei ihm zu entschuldigen.

Es ist schon ein skurriles Bild: CDU-Fraktionschef Volker Kauder gibt mit einem Mikro in der Hand »Tage wie diese« von den Toten Hosen zum Besten; Angela Merkel, Ursula von der Leyen und Armin Laschet wippen (mehr oder weniger) im Takt mit. Viele Deutsche dürften sich über diesen Auftritt im September 2013 gewundert haben, steht die CDU doch nicht unbedingt für die Werte, die Campino und Co. üblicherweise propagieren. Entsprechend verärgert ist die Band über die eigenwillige Nutzung ihres Songs. »Uns persönlich kam die Darbietung eher wie ein Autounfall vor«, schreiben die Düsseldorfer nach der CDU-Performance in einem Statement auf ihrer Facebook-Seite. »Nicht schön, aber man schaut trotzdem hin.« Darüber hinaus sei das grausam vorgetragene Lied aber immer noch die beste Leistung, die die CDU in letzter Zeit hervorgebracht habe. Deutliche Worte.

Die Verärgerung der Toten Hosen entgeht Angela Merkel nicht – weshalb sie ein paar Tage später zum Telefonhörer greift, um sich zu entschuldigen. »Lieber Herr Campino, ich rufe an, weil wir ja am Wahlabend so auf ihrem Lied herumgetrampelt sind«, sagt sie zu dem Sänger. Sie fände »Tage wie diese« sehr schön, doch Campino müsse sich keine Sorgen machen, dass der Song nun die nächste CDU-Hymne werde. Außerdem hätten die Hosen die Nutzung des Liedes zwar für Wahlkampfveranstaltung untersagt, doch Siegesfeiern seien ja kein Wahlkampf. Am Ende bleibt sie eben doch Politikerin.

Campino und Angela Merkel kennen sich bei dem Telefonat übrigens schon.

PUNKDIPLOMATIE

Anfang 1994 veröffentlicht die Redaktion des Wochenmagazins *Der Spiegel* ein Spezialheft mit dem Titel *Pop & Politik*. Den großen Parteien geht es damals alles andere als gut. Ihnen fehlt der Nachwuchs. Vielleicht auch deshalb sagt Angela Merkel zu, als sie gefragt wird, ob Campino sie interviewen darf.

Regelrecht kindlich lesen sich die Fragen von Berufsprovokateur Campino mit fast 30 Jahren Abstand. Ob sie überhaupt irgendwann einmal jung gewesen sei, möchte der Hosen-Sänger von der damaligen Bundesministerin für Frauen und Jugend wissen. Die räumt ein, dass es bei ihr irgendwie anders gewesen sei. Sie sei auf Feten immer unheimlich traurig gewesen, dass sie sich nicht so in die Musik hineinsteigern konnte. Sei immer das Mädchen gewesen, das Erdnüsse isst, statt zu tanzen. Auf einem Konzert sei sie mal gewesen, bei den Puhdys. Sie habe aber auch die Beatles und Deep Purple gehört.

Auf die Frage, ob sie schon einmal betrunken gewesen sei, antwortet Merkel mit einem einfachen »Ja«, doch Campino möchte es genauer wissen. Ob sie das einmal erklären könne. Merkel reagiert schlagfertig. Was es denn da zu erklären gäbe, ob Campino noch nie betrunken gewesen sei, möchte sie wissen. Anschließend erzählt sie, dass sie nach ein paar Kirsch-Whisky zu viel mal aus einem Boot gefallen sei. Mit Drogen außer Alkohol habe sie keine Erfahrung.

Das Interview von 1994 wirkt wie die Unterhaltung zwischen einer Erdenbürgerin und einem Marsmenschen, der etwas über ihren Heimatplaneten erfahren möchte. Heute sind auch die »Marsmenschen« in der Mitte der Gesellschaft angekommen.

PREMIERE IN CHINA

Die chinesische Regierung macht es Musikern nicht gerade leicht. Strenge Auflagen erschweren die Einreise, Songtexte müssen zunächst durch die Zensur. Trotzdem treten in der Volksrepublik immer wieder Bands auf, die wir als »westlich« bezeichnen würden. Auch die Toten Hosen durchlaufen 2018 alle notwendigen Prozesse und steigen in den Flieger ins bevölkerungsreichste Land der Erde. (Nach ihrer Ankunft betreiben sie erstmal ein wenig Sightseeing und erklimmen einen Teil der Chinesischen Mauer. Gitarrist Kuddel kommt dabei ganz schön außer Puste und muss eine kurze Pause machen. Er habe nur »etwas auf dem Boden gesehen«, behauptet er. Klar.) Zwei Konzerte wollen die Toten Hosen in China spielen – doch dann werden daraus plötzlich drei.

Einen ihrer ersten freien Abende verbringt die Band in einer Karaoke-Bar, wo Campino und eine nicht näher bekannte Co-Sängerin ihre Version des Beatles-Klassikers »Hey Jude« zum Besten geben. »Schlimmer kann es kaum werden«, verspricht Campino, was den anstehenden Festival-Auftritt in Peking betrifft. So richtig rund läuft der Festival-Tag dann aber in der Tat nicht.

Wind, Dauerregen, gerade einmal 1000 Zuschauer: Unter normalen Umständen hätten die Toten Hosen ihren Auftritt beim Yugong Yishan Festival 2018 vermutlich als Misserfolg verbucht. Doch für die Band ist es ein historischer Moment. Zum ersten Mal stehen die Toten Hosen auf einer chinesischen Bühne. Unterschiede fallen nicht weiter auf, vor allem backstage nicht. »Es sieht genauso aus wie in Duisburg, Essen, Düsseldorf oder Darmstadt«, findet Campino. Der Sänger lobt das Publikum in höchsten Tönen: »Zu sehen, wie viele Leute sich da den ganzen Tag in den Regen stellen und sich trotz der Umstände eine gute Zeit machen«, das seien Momente, da möchte man sich »zweimal so viel Mühe geben wie sonst«. Die Hosen treten aufs Gaspedal und hinterlassen einen bleibenden Eindruck bei den 1000 Zuschauern. Auf ein paar ihrer Songs müssen die Düsseldorfer allerdings verzichten.

Schon vorher stellt Campino Vermutungen darüber an, welche Texte in Ordnung sind und welche nicht. Manche seiner Befürchtungen treffen zu – andere nicht. So hätte die chinesische Regierung den Song »Wünsch dir was« durchaus missverstehen können, wenn sie gewollt hätte. Doch das Stück übersteht die Zensur. »Liebeslied« hingegen müssen die Hosen von der Setlist streichen, da es in dem Song um eine Straßenschlacht in Berlin geht. Campino sieht das Ganze relativ, wie er im Interview verrät: »Es ist die Art und Weise, wie du etwas bringst. Du kannst ein völlig harmloses Lied so singen, dass die Leute eine andere Verbindung dazu haben und den Subtext verstehen. Der Subtext kann nie gestrichen werden.«

Nach dem Festival-Gig könnten die Hosen eigentlich ihren Feierabend genießen. Doch die Betreiber der Bar »School« – einem angesagten Pekinger Punkschuppen – haben die Düsseldorfer am Abend zuvor eingeladen und in Aussicht gestellt, dass die Band dort gleich noch einmal auftreten kann. Also spielen die Toten Hosen an jenem Abend noch eine zweite Show und zwar im allerkleinsten Kreis. Eins der Highlights: Campino, der crowdsurfenderweise die Liverpool-Hymne »You'll never walk alone« singt. Weit hinaus kommt er allerdings nicht, da sein Mikro mit einem Kabel verbunden ist.

Nach dem gelungenen Einstand in Peking reisen die Hosen nach Hongkong, um dort ein weiteres Konzert zu geben. Diesmal spielen die Düsseldorfer weder auf einem Festival noch in einem Punkclub. Nein, ihren Hongkong-Gig absolviert die Gruppe in einem Club in einer Shopping-Mall. Nach drei Zugaben und insgesamt 32 Songs steigen die Hosen überglücklich von der Bühne und hinterlassen ein noch überglücklicheres Publikum. Doch damit endet der Trip der Toten Hosen immer noch nicht.

Auf die Spiele seines geliebten FC Liverpool möchte Hosen-Frontmann Campino natürlich auch fernab der Heimat nicht verzichten. Das erste Halbfinale der Champions League steht an, Liverpool empfängt den AS Rom. Tatsächlich finden die Hosen eine Kneipe, in der das Spiel übertragen wird; Anpfiff ist um 2:45 Uhr nachts Ortszeit. Immerhin: Campino darf sich über ein eindeutiges 5:2 für Liverpool freuen.

Als Ausklang ihrer Fernost-Reise besuchen die Hosen gemeinsam ein Rennen auf der Pferderennbahn »Happy Valley Racecourse«, die bereits 1845 erbaut wurde. Campino setzt sein Geld auf das falsche Pferd und verliert. »Das war ein sehr lehrreicher Abend«, erzählt er im Anschluss. »Man fängt ja dann an, sich da reinzusteigern. Da war zum Beispiel ein Gaul in Rennen vier, der hieß Crème Brûlée. So ein bescheuerter Name für ein Pferd.« An einem Pferd mit so einem blöden Namen müsse ja irgendwas dran sein, deshalb habe er sein Geld darauf gesetzt. Nun ja. Jetzt ist er schlauer.

Die China-Reise der Hosen endet und die Düsseldorfer treten die Heimreise an. Vergessen werden sie diesen Ausflug wohl niemals.

PHILIP

Beziehungen hatte es im Leben des Toten-Hosen-Frontmanns einige gegeben, doch keine davon war in einer Hochzeit gegipfelt. Das ändert sich 2019, als der Sänger heimlich und im allerkleinsten Kreis den Bund der Ehe eingeht – mit 58 Jahren. Doch warum hatte Campino nicht schon vorher heiraten wollen, wer ist seine Frau und welchen Spitznamen gibt sie dem charismatischen Frontmann, wenn die zwei alleine sind?

Für Campino sei es immer klar gewesen, »dass ich nur einmal im Leben heiraten würde«, verrät der Düsseldorfer in einem Interview. Er habe sich diesen besonderen Schritt für die richtige Person aufbewahren wollen. Warum das so lange gedauert hat, beantwortet der Sänger in einem Interview folgendermaßen: »Manche Leute treffen die Person ihres Lebens früher, manche später.« Entscheidend sei ja nur, dass man es irgendwann hinkriege.

Die Trauung findet in New York City statt und zwar im allerkleinsten Kreis. Noch nicht einmal Campinos Bandkollegen sind anwesend. Auch über die Identität seiner Frau schweigt Campino, da sie nicht gerne in der Öffentlichkeit stehe. Das äußert sich auch in seinem Buch *Hope Street,* in dem Campino zunächst ganz selbstverständlich von seiner »Verlobten« spricht, dann erzählt, dass demnächst eine Hochzeit in New York anstehe und anschließend plötzlich nur noch von seiner »Frau« redet. Ein Detail lässt der Frontmann allerdings durchblicken. So verrät er in einem Interview, dass seine Frau ihn bisweilen »Philip« rufe – weil er manchmal ein paar Schritte hinter ihr her laufe, so wie einst Prinz Philip hinter der Queen von England.

BIS ZUM BITTEREN ENDE

Es gibt Bands, die lösen sich kurz nach ihrer Gründung wieder auf. Es gibt Gruppen, die für ein paar Jahre zusammen Musik machen und dann wieder getrennte Wege gehen. Und es gibt die Toten Hosen, die nicht nur seit 40 Jahren gemeinsam auf der Bühne stehen, sondern auch nach ihrem Tod noch vereint sein möchten. Deshalb sichern sich die Düsseldorfer schon um die Jahrtausendwende ein gemeinsames Grab.

»Und wenn einmal der Abschied naht / Sagen alle: ‚Das hab ich schon immer geahnt'«, singt Campino im Hosen-Hit »Bis zum bitteren Ende«. Er steht an vorderster Front, wenn es darum geht, sich die eigene Sterblichkeit ins Gedächtnis zu rufen. So erneuert er zum Beispiel regelmäßig sein Testament, unter anderem deshalb, weil es die Perspektive im Leben geraderücke. Immer wieder thematisiert er in seinen Texten das Sterben, ob allgemein oder in speziellen Fällen, wie zum Beispiel nach dem Tod seiner Mutter, der er den Song »Nur zu Besuch« widmet.

Im Online-Shop der Toten Hosen kann man sogar eine 100 Prozent abbaubare Bio-Urne mit aufgedrucktem Bandlogo bestellen. Da passt es nur, dass sich die Hosen frühzeitig mit ihrem eigenen Ableben beschäftigen und um das Jahr 2000 herum eine eigene Gruft auf dem Düsseldorfer Südfriedhof erwerben. (Die Band möchte damals außerdem einen Bierautomaten neben der Grabstätte aufstellen lassen, doch einen entsprechenden Antrag lehnt die Friedhofsverwaltung ab.)

Mehrere Mitglieder der Hosen-Familie sind bereits in der gemeinsamen Gruft begraben, wie zum Beispiel Roadie Uwe Faust (1956-2009), der als Erster stirbt. Damals sagt Campino: »Jetzt ist wohl klar, dass der Kauf des Grabfeldes auf dem Südfriedhof kein Scherz war.« Auch Hosen-Manager Jochen Hülder (1957-2015) und Schlagzeuger Wölli (1950-2016) liegen in der Gemeinschaftsgruft der Punkrocker. Die Hosen selbst möchten ebenfalls dort beerdigt werden. Lediglich ein bisschen von Campinos Asche soll ihren Weg nach Cornwall und nach Berlin finden, bevor auch er im Düsseldorfer Grab der Hosen seine letzte Ruhe findet.

Das Gemeinschaftsgrab der Hosen steht für den familiären Geist, der die Band eint. »Keiner bleibt zurück«; dafür steht die Gruft. Hoffen wir, dass sie möglichst lange möglichst leer bleibt. Einen Kritikpunkt hat Breiti ohnehin anzubringen, wenn es um das Grab der Toten Hosen geht. Er hätte den Nordfriedhof gewählt, statt des Südfriedhofs – weil der Nordfriedhof weiter von Köln entfernt ist.

QUELLEN

Unter der Sonne Kaliforniens

Podcast: »Reflektor – Musik Talk mit Jan Müller: Die Toten Hosen (Andi Meurer)«; https://podcasts.apple.com/de/podcast/reflektor/id1475244845?i=1000461348843; abgerufen am 29.7.2023.

Oehmke, Philipp: *Die Toten Hosen. Am Anfang war der Lärm*, Hamburg 2014.

Jessen, Kai: *Die Toten Hosen. Für immer Punk,* München 1997.

Die Toten Hosen mit Bertram Job: *Bis zum bitteren Ende ... Die Toten Hosen erzählen ihre Geschichte*, Köln 1996.

Website: »Die Toten Hosen: Annemie Meurer«; https://www.dietotenhosen.de/magazin/annemie-meurer; abgerufen am 29.7.2023.

Website: »Die Toten Hosen: Andi«; https://www.dietotenhosen.de/band/mitglieder/andi; aufgerufen am 29.7.2023.

Mediathek-Video: »ARD Morgenmagazin: Talk – Campino«; https://www.ardmediathek.de/video/Y3JpZDovL2Rhc2Vyc3RlLmRlL21vcmdlbm1hZ2F6aW4vNTFlMzRjOTEtY2I1YS00NmM-2LWI3YmUtODI5YTZhODZmNzI5; abgerufen am 5.6.2023.

Auf nach Bremen

Website: »Die Toten Hosen: Biographie – 80er«; https://www.dietotenhosen.de/band/biographie/80er; abgerufen am 29.7.2023.

Website: »uDiscover Music: An Ostern 1982 treten die Toten Hosen zum ersten Mal live auf«; https://www.udiscover-music.de/popkultur/1982-treten-die-toten-hosen-erstmals-live-auf; abgerufen am 29.7.2023.

Website: »ARD buten un binnen: Als ›Die Toten Hosen‹ ihr erstes Konzert im Bremer Schlachthof gaben«; https://www.butenunbinnen.de/nachrichten/erstes-konzert-tote-hosen-schlachthof-bremen-100.html; abgerufen am 29.7.2023.

Oehmke, Philipp: *Die Toten Hosen. Am Anfang war der Lärm*, Hamburg 2014.

Mediathek-Video: »ARD buten un binnen: So prägte Bremen die Entstehung der Toten Hosen vor 40 Jahren«; https://www.ardmediathek.de/video/Y3JpZDovL3JhZGlvYnJlbWVuLmRlL3JhZGlvYnJlbWVuLmRlL29wZW5tZWRpYS8zXzE5MTExNw; abgerufen am 13.5.2023.

Die Toten Hosen mit Bertram Job: *Bis zum bitteren Ende ... Die Toten Hosen erzählen ihre Geschichte*, Köln 1996.

Hinter dem Eisernen Vorhang

Mediathek-Video: »Auswärtsspiel – Die Toten Hosen in Ost-Berlin«; https://www.ardmediathek.de/video/dokumentarfilm/auswaertsspiel-die-toten-hosen-in-ost-berlin/swr/Y3JpZDovL3N3ci5kZS9hZXgvbzE4NDMyNDY; abgerufen am 30.7.2023.

Website: »Die Toten Hosen: Mark Reeder«; https://www.dietotenhosen.de/magazin/mark-reeder; abgerufen am 30.7.2023.

Skai, Hollow: *Die Toten Hosen. Populäre Irrtümer und andere Wahrheiten*, Essen 2022.

Website: »Welt: Die Toten Hosen tarnten Konzert als Gottesdienst«; https://www.welt.de/kultur/article5339059/Die-Toten-Hosen-tarnten-Konzert-als-Gottesdienst.html; abgerufen am 30.7.2023.

Website: »T-Online: Campino über legendären Auftritt: Dann wären wir direkt ins Gefängnis gewandert«; https://www.t-online.de/unterhaltung/musik/id_91986266/campino-von-die-toten-hosen-so-reisten-wir-illegal-durch-die-ddr.html; abgerufen am 30.7.2023.

Disco in Moskau

Website: »T-Online: Campino über legendären Auftritt: Dann wären wir direkt ins Gefängnis gewandert«; https://www.t-online.de/unterhaltung/musik/id_91986266/campino-von-die-toten-hosen-so-reisten-wir-illegal-durch-die-ddr.html; abgerufen am 30.7.2023.

Oehmke, Philipp: *Die Toten Hosen: Am Anfang war der Lärm*, Hamburg 2014.

Skai, Hollow: *Die Toten Hosen. Populäre Irrtümer und andere Wahrheiten*, Essen 2022.

Website: »Die Toten Hosen – Tourarchiv: 1985 Disco in Moskau«; https://www.dth-dta.de/de/1982-1990/tour/disco-in-moskau; abgerufen am 30.7.2023.

Website: »Welt: Die Toten Hosen tarnten Konzert als Gottesdienst«; https://www.welt.de/kultur/article5339059/Die-Toten-Hosen-tarnten-Konzert-als-Gottesdienst.html; abgerufen am 30.7.2023.

Website: »Die Toten Hosen – Tourarchiv: 1986 Damenwahl«; https://www.dth-dta.de/de/1982-1990/tour/damenwahl/concerts/; abgerufen am 30.7.2023.

Website: »Die Toten Hosen – Tourarchiv: 15.09.1987, Pilsen, Olof Palme Festival«; https://www.dth-dta.de/de/1982-1990/tour/einbunter-abend-fuer-eine-schwarze-republik/concert/1987-09-15-pilsen-amphitheater-lochotin; abgerufen am 30.7.2023.

Website: »Die Toten Hosen – Tourarchiv: 1988 Bis zum bitteren Ende«; https://www.dth-dta.de/de/1982-1990/tour/bis-zum-bitteren-ende; abgerufen am 30.7.2023.

Wieder im Osten

Mediathek-Video: »Auswärtsspiel – Die Toten Hosen in Ost-Berlin«; https://www.ardmediathek.de/video/dokumentarfilm/auswaerts spiel-die-toten-hosen-in-ost-berlin/swr/Y3JpZDovL3 N3ci5kZS9hZXgvbzE4NDMyNDY; abgerufen am 30.7.2023.

Skai, Hollow: *Die Toten Hosen. Populäre Irrtümer und andere Wahrheiten*, Essen 2022.

Website: »Die Toten Hosen: Mark Reeder«; https://www.dietoten hosen.de/magazin/mark-reeder; abgerufen am 30.7.2023.

Website: »Die Toten Hosen – Tourarchiv: 22.09.2021, Berlin, Hoffnungskirche«; https://www.dth-dta.de/de/2021-2030/tour/einzelgigs/concert/2021-09-22-berlin-hoffnungskirche; abgerufen am 30.7.2023.

Wiedervereinigung

Website: »Bundeszentrale für politische Bildung: Ost und West. Ein Vergleich«; https://www.bpb.de/themen/deutschlandarchiv/340957/ost-und-west-ein-vergleich/; abgerufen am 30.7.2023.

Oehmke, Philipp: *Die Toten Hosen. Am Anfang war der Lärm*, Hamburg 2014.

Website: »NRD: Marteria und die Toten Hosen machen Ost-West-Klischees lächerlich«; https://www.ndr.de/kultur/musik/pop/Marteria-und-die-Toten-Hosen-machen-Ost-West-Klischees-laecherlich,marteria376.html; abgerufen am 30.7.2023.

Website: »Spiegel: Die Toten Hosen und Marteria – Da wippt wohl auch der Bundespräsident mit dem Fuß«; https://www.spiegel.de/kultur/musik/die-toten-hosen-und-marteria-da-wippt-wohl-auch-der-bundespraesident-mit-dem-fuss-a-3aab7e98-dc9d-46f6-814f-49ac21c07ca0; abgerufen am 30.7.2023.

Website: »Die Toten Hosen: Marteria«; https://www.dietotenhosen.de/magazin/marteria; abgerufen am 30.7.2023.

Kostümwechsel

Website: »uDiscover Music: Ein Klassiker des deutschen Musikfernsehens: »Formel Eins« wird 40!«; https://www.udiscover-music.de/

popkultur/formel-eins-ein-klassiker-des-deutschen-musikfernsehens-wird-40; abgerufen am 30.7.2023.

Wikipedia-Seite: »Der Formel Eins Film«; https://de.wikipedia.org/wiki/Der_Formel_Eins_Film; abgerufen am 30.7.2023.

Die Toten Hosen mit Bertram Job: *Bis zum bitteren Ende ... Die Toten Hosen erzählen ihre Geschichte*, Köln 1996.

Voll normaaal

Gerhardt, Tom (Drehbuch) und Huettner, Ralf (Regie): *Voll normaaal*, Bavaria Film/Constantin Film, Deutschland 1994.

Skai, Hollow: *Die Toten Hosen. Populäre Irrtümer und andere Wahrheiten*, Essen 2022.

Geschmackstest

Website: »Trust Zine: Campino«; https://www.trust-zine.de/campino-203-2020/; abgerufen am 30.7.2023.

Angestoßen

Website: »Die Toten Hosen: Hosen Hell – Das neue DTH-Bier«; https://www.dietotenhosen.de/magazin/hosen-hell; abgerufen am 30.7.2023.

Website: »Hosen Hell: Story«; https://www.hosenhell.de/story; abgerufen am 30.7.2023.

Website: »Die Toten Hosen – Tourarchiv: 2017/18 Laune der Natour«; https://www.dth-dta.de/de/2011-2020/tour/laune-der-natour/concerts/21; abgerufen am 30.7.2023.

Website: »General-Anzeiger: Tote Hosen geben Namen für bayerisches Bier her«; https://ga.de/news/panorama/tote-hosen-geben-namen-fuer-bayerisches-bier-her_aid-43844771; abgerufen am 30.7.2023.

YouTube-Video: »die ärzte – TRESENKRAFT«; https://www.youtube.com/watch?v=wfZJ9nLaUEs; aufgerufen am 30.7.2023.

Grabesstimmung

Website: »Gemeindearchiv Timmendorfer Strand – Chronik«; http://gemeindearchiv.org/index.php/archiv/zeitleiste; abgerufen am 30.7.2023.

Die Toten Hosen mit Bertram Job: *Bis zum bitteren Ende ... Die Toten Hosen erzählen ihre Geschichte*, Köln 1996.

Oehmke, Philipp: *Die Toten Hosen. Am Anfang war der Lärm,* Hamburg 2014.

Website: »Rheinische Post: Schorsch Kamerun: Vom Punk zum Theaterregisseur«; https://rp-online.de/nrw/staedte/duesseldorf/schorsch-kamerun-vom-punk-zum-theaterregisseur_aid-14108367; abgerufen am 30.7.2023.

Nordsee-Punks

Die Toten Hosen mit Bertram Job: *Bis zum bitteren Ende ... Die Toten Hosen erzählen ihre Geschichte,* Köln 1996.

Oehmke, Philipp: *Die Toten Hosen. Am Anfang war der Lärm,* Hamburg 2014.

Website: »Hamburger Abendblatt: Tote Hosen jetzt zahm genug für Helgoland«; https://www.abendblatt.de/region/pinneberg/article107043231/Tote-Hosen-jetzt-zahm-genug-fuer-Helgoland.html; abgerufen am 30.7.2023.

Website: »Die Toten Hosen – Tourarchiv: 11.08.2002, Helgoland, Nordseehalle«; https://www.dth-dta.de/de/2001-2010/tour/auswaertsspiel/concert/2002-08-11-helgoland-nordseehalle; abgerufen am 30.7.2023.

Auswärtsspiel

Mediathek-Video: »Radio Bremen 3nach9: Campino über Aquagymnastik und Intervallfasten statt Sex, Drugs & Rock'n'Roll«; https://www.ardmediathek.de/ard/player/Y3JpZDovL3JhZGlvYnJlbWVuLmRlL2Q2OTBmNmQ4LTUyOGQtNDJjYS1hZGIxLTQzOTRhOGNkMTUxNg; abgerufen am 9.6.2023 .

Skai, Hollow: *Die Toten Hosen. Populäre Irrtümer und andere Wahrheiten,* Essen 2022.

Oehmke, Philipp: *Die Toten Hosen. Am Anfang war der Lärm,* Hamburg 2014.

Die Toten Hosen mit Bertram Job: *Bis zum bitteren Ende ... Die Toten Hosen erzählen ihre Geschichte,* Köln 1996.

Mediathek-Video: »Nichts als die Wahrheit«; https://www.ardmediathek.de/video/Y3JpZDovL3N3ci5kZS9hZXgvbzE2Nzk5Mzg; abgerufen am 9.6.2023.

Website: »Bild: Wilde Punk-Party mit den Toten Hosen!«; https://www.bild.de/politik/inland/ursula-von-der-leyen/wild-punk-partys-mit-den-toten-hosen-40030380.bild.html; abgerufen am 30.7.2023.

Hinter Gittern

Die Toten Hosen mit Bertram Job: *Bis zum bitteren Ende ... Die Toten Hosen erzählen ihre Geschichte*, Köln 1996.

Website: »Die Toten Hosen – Tourarchiv: 01.12.1989, Berlin, Frauengefängnis Plötzensee«; https://www.dth-dta.de/de/1982-1990/tour/ein-kleines-bisschen-horrorshow/concert/1989-12-01-berlin-frauengefaengnis-ploetzensee; abgerufen am 30.7.2023.

Website: »Die Toten Hosen – Tourarchiv: 02.12.1989, Berlin, JVA Tegel«; https://www.dth-dta.de/de/1982-1990/tour/ein-kleines-bisschen-horrorshow/concert/1989-12-02-berlin-jva-tegel; abgerufen am 30.7.2023.

Website: »Die Toten Hosen – Tourarchiv: 23.12.1995, Düsseldorf, JVA Ulmer Höhe«; https://www.dth-dta.de/de/1991-2000/tour/festivals-hinter-gitter/concert/1995-12-23-duesseldorf-jva-ulmer-hoehe; abgerufen am 30.7.2023.

Jessen, Kai: *Die Toten Hosen – Für immer Punk*, München 1997.

Website: »DTH-Live: 07./08.10.2013 - JVA, Köln«; https://www.dth-live.de/freunde/index.php?thread/17575-07-08-10-2013-jva-k%C3%B6ln/; abgerufen am 30.7.2023.

Wikipedia-Seite: »Justizvollzugsanstalt Düsseldorf«; https://de.wikipedia.org/wiki/Justizvollzugsanstalt_D%C3%BCsseldorf; abgerufen am 30.7.2023.

Entweiht

Website: »Merkur: Vor 30 Jahren: Neuweihe nach Skandal-Dreh«; https://www.merkur.de/lokales/fuerstenfeldbruck/jahren-neuweihe-nach-skandal-dreh-3074973.html; abgerufen am 30.7.2023.

Wikipedia-Seite: »Eisgekühlter Bommerlunder«; https://de.wikipedia.org/wiki/Eisgek%C3%BChlter_Bommerlunder; abgerufen am 30.7.2023.

Website: »Statista: Anteil der Anhänger ausgewählter Religionen an der Gesamtbevölkerung in Lateinamerika im Jahr 2010«; https://de.statista.com/statistik/daten/studie/256867/umfrage/anteil-der-anhaenger-ausgewaehlter-religionen-an-der-bevoelkerung-in-lateinamerika/; abgerufen am 30.7.2023.

Oehmke, Philipp: *Die Toten Hosen. Am Anfang war der Lärm*, Hamburg 2014.

Website: »Abendzeitung München: Vor 30 Jahren: Die ›Toten Hosen‹ entweihen Kirche«; https://www.abendzeitung-muenchen.de/muenchen/vor-30-jahren-die-toten-hosen-entweihen-kirche-art-197300; abgerufen am 30.7.2023.

Wellinghaus, Max: *Campino. Kleine Anekdoten aus dem Leben einer Punklegende*, München 2022.

Wikipedia-Seite: »Nicanor Molinare Rencoret«; https://es.wikipedia.org/wiki/Nicanor_Molinare_Rencoret; abgerufen am 30.7.2023.

Wikipedia-Seite: »Wolfgang Büld«; https://de.wikipedia.org/wiki/Wolfgang_B%C3%BCld; abgerufen am 30.7.2023.

Nicht die feine englische Art

Oehmke, Philipp: *Die Toten Hosen. Am Anfang war der Lärm*, Hamburg 2014.

Website: »Peel Fandom: Die Toten Hosen«; https://peel.fandom.com/wiki/Die_Toten_Hosen; abgerufen am 30.7.2023.

Als Alex kam

Mediathek-Video: »Nichts als die Wahrheit«; https://www.ardmediathek.de/video/Y3JpZDovL3N3ci5kZS9hZXgvbzE2Nzk5Mzg; abgerufen am 9.6.2023.

Oehmke, Philipp: *Die Toten Hosen. Am Anfang war der Lärm*, Hamburg 2014.

Die Toten Hosen mit Bertram Job: *Bis zum bitteren Ende ... Die Toten Hosen erzählen ihre Geschichte*, Köln 1996.

Fuß, Birgit: *Die Toten Hosen. 100 Seiten*, Ditzingen 2022.

Website: »Die Toten Hosen – Tourarchiv: 28.05.1988, Bonn, Kammerspiele Bad Godesberg«; https://www.dth-dta.de/de/1982-1990/tour/a-clockwork-orange/concert/1988-05-28-bonn-kammerspiele-bad-godesberg; abgerufen am 30.7.2023.

Website: »Sage Journals: Lesbian and bisexual women's experiences of aversion therapy in England«; https://journals.sagepub.com/doi/10.1177/09526951211059422; abgerufen am 30.7.2023.

Brecht gehabt

Website: »Die Toten Hosen: Biographie – 00er«; https://www.dietotenhosen.de/band/biographie/00er; abgerufen am 31.7.2023.

Tweet: »ZDF: Dreigroschenoper: Campino über Punk Rock und Theater«; https://twitter.com/ZDF/status/1373333518403653639; abgerufen am 31.7.2023.

Oehmke, Philipp: *Die Toten Hosen. Am Anfang war der Lärm*, Hamburg 2014.

Website: »Spiegel: Tote Hose im Admiralspalast«; https://www.spiegel.de/kultur/gesellschaft/dreigroschenoper-tote-hose-im-admiralspalast-a-431410.html; abgerufen am 31.7.2023.

Website: »Stern: Buh-Rufe für Brandauer, Beifall für Campino«; https://www.stern.de/kultur/musik/-dreigroschenoper--premiere-buh-rufe-fuer-brandauer--beifall-fuer-campino-3593014.html; abgerufen am 31.7.2023.

Website: »Der Standard: Chirurgensäge mit Haifischzähnen«; https://www.derstandard.at/story/2543336/chirurgensaege-mit-haifischzaehnen; abgerufen am 31.7.2023.

Wackersdorf-Tango

Mediathek-Video: »Nichts als die Wahrheit«; https://www.ardmediathek.de/video/Y3JpZDovL3N3ci5kZS9hZXgvbzE2Nzk5Mzg; abgerufen am 9.6.2023.

Website: »Campino gegen die Kernschmelze«; https://www.spiegel.de/kultur/musik/20-jahre-anti-waahnsinn-campino-gegen-die-kernschmelze-a-428824.html; abgerufen am 10.09.2023.

Wikipedia-Seite: »Wiederaufarbeitungsanlage Wackersdorf – Entscheidung für Wackersdorf 1985«; https://de.wikipedia.org/wiki/Wiederaufarbeitungsanlage_Wackersdorf#Entscheidung_f%C3%BCr_Wackersdorf_1985; abgerufen am 31.7.2023.

Wikipedia-Seite: »Anti-WAAhnsinns-Festival«; https://de.wikipedia.org/wiki/Anti-WAAhnsinns-Festival; abgerufen am 31.7.2023.

Wikipedia-Seite: »Nuklearkatastrophe von Tschernobyl«; https://de.wikipedia.org/wiki/Nuklearkatastrophe_von_Tschernobyl; abgerufen am 31.7.2023.

Oehmke, Philipp: *Die Toten Hosen. Am Anfang war der Lärm*, Hamburg 2014.

Die Toten Hosen mit Bertram Job: *Bis zum bitteren Ende ... Die Toten Hosen erzählen ihre Geschichte*, Köln 1996.

Azzurro

Wikipedia-Seite: »Fußball-Weltmeisterschaft 1990«; https://de.wikipedia.org/wiki/Fu%C3%9Fball-Weltmeisterschaft_1990; abgerufen am 31.7.2023.

Website: »Die Toten Hosen: Diskographie«; https://www.dietotenhosen.de/diskographie/musik; abgerufen am 31.7.2023.

Website: »Die Toten Hosen: Biographie – 90er«; https://www.dietotenhosen.de/band/biographie/90er; abgerufen am 31.7.2023.

YouTube-Video: »Die Toten Hosen // Azzuro [Offizielles Musikvideo]«; https://www.youtube.com/watch?v=pZLIWoUbcyo; aufgerufen am 31.7.2023.

Wikipedia-Seite: »Opel Rekord C«; https://de.wikipedia.org/wiki/Opel_Rekord_C; abgerufen am 31.7.2023

Wikipedia-Seite: »Auf dem Kreuzzug ins Glück«; https://de.wikipedia.org/wiki/Auf_dem_Kreuzzug_ins_Gl%C3%BCck; abgerufen am 31.7.2023.

Website: »Internet Movie Cars Database: 1970 Opel Rekord Coupé«; https://www.imcdb.org/v001287719.html; abgerufen am 31.7.2023

Facebook-Post: »Die Toten Hosen: In Italien«; https://www.facebook.com/dietotenhosen/posts/10158039838168301/; abgerufen am 31.7.2023.

Die Toten Hosen mit Bertram Job: *Bis zum bitteren Ende ... Die Toten Hosen erzählen ihre Geschichte*, Köln 1996.

Wikipedia-Seite: »Die Toten Hosen – 1988 bis 1995: *Hier kommt Alex*, Anerkennung und am Gipfel der Charts«; https://de.wikipedia.org/wiki/Die_Toten_Hosen#1988_bis_1995:_Hier_kommt_Alex,_Anerkennung_und_am_Gipfel_der_Charts; abgerufen am 31.7.2023.

Wikipedia-Seite: »Fußball-Weltmeisterschaft 1990 – Finalrunde – BR Deutschland gegen England«; https://de.wikipedia.org/wiki/Fu%C3%9Fball-Weltmeisterschaft_1990/Finalrunde#BR_Deutschland_%E2%80%93_England; abgerufen am 31.7.2023.

Tweet: »FIFA Fußball-Weltmeisterschaft: England gewinnt erstes Elfmeterschießen in der WM-Geschichte«; https://twitter.com/fifaworldcup_de/status/1014251878874537984; abgerufen am 31.7.2023.

Website: »Kicker: Kolumbien gegen England 3.7.2018«; https://www.kicker.de/kolumbien-gegen-england-2018-weltmeisterschaft-3070460/spielinfo; abgerufen am 31.7.2023.

Wikipedia-Seite: »Fußball-Weltmeisterschaft 1990 – Finale«; https://de.wikipedia.org/wiki/Fu%C3%9Fball-Weltmeisterschaft_1990#Finale; abgerufen am 31.7.2023.

Website: »Offizielle Deutsche Charts: Offizielle Deutsche Charts 11.6.1990«; https://www.offiziellecharts.de/charts/album/for-date-645090608000; abgerufen am 31.7.2023.

Wikipedia-Seite: »Die Toten Hosen – Discography – Studio albums«; https://en.wikipedia.org/wiki/Die_Toten_Hosen_discography#Studio_albums; abgerufen am 31.7.2023.

Auf dem Kreuzzug ins Glück

Wikipedia-Seite: »Auf dem Kreuzzug ins Glück«; https://de.wikipedia.org/wiki/Auf_dem_Kreuzzug_ins_Gl%C3%BCck; abgerufen am 31.7.2023.

Wikipedia-Seite: »Die Toten Hosen – 1988 bis 1995: *Hier kommt Alex*, Anerkennung und am Gipfel der Charts«; https://de.wikipedia.org/wiki/Die_Toten_Hosen#1988_bis_1995:_Hier_kommt_Alex,_Anerkennung_und_am_Gipfel_der_Charts; abgerufen am 31.7.2023.

Website: »Die Toten Hosen: Biographie – 90er«; https://www.dietotenhosen.de/band/biographie/90er; abgerufen am 31.7.2023.

Die Toten Hosen mit Bertram Job: *Bis zum bitteren Ende ... Die Toten Hosen erzählen ihre Geschichte*, Köln 1996.

Jessen, Kai: *Die Toten Hosen – Für immer Punk*, München 1997.

Website: »taz: 14. Fußball-WM in Italien«; https://taz.de/14-Fussball-WM-in-Italien/!1765000/; abgerufen am 31.7.2023.

Fuß, Birgit: *Die Toten Hosen, 100 Seiten*, Ditzingen 2022.

Website: »Offizielle Deutsche Charts: Offizielle Deutsche Charts 11.6.1990«; https://www.offiziellecharts.de/charts/album/for-date-645090608000; abgerufen am 31.7.2023.

Ein Preis für den Müll

Mediathek-Video: »Nichts als die Wahrheit«; https://www.ardmediathek.de/video/Y3JpZDovL3N3ci5kZS9hZXgvbzE2Nzk5Mzg; abgerufen am 9.6.2023.

Sascha

Mediathek-Video: »Nichts als die Wahrheit«; https://www.ardmediathek.de/video/Y3JpZDovL3N3ci5kZS9hZXgvbzE2Nzk5Mzg; abgerufen am 9.6.2023.

Oehmke, Philipp: *Die Toten Hosen. Am Anfang war der Lärm*, Hamburg 2014.

Jessen, Kai: *Die Toten Hosen – Für immer Punk*, München 1997.

Die Toten Hosen mit Bertram Job: *Bis zum bitteren Ende ... Die Toten Hosen erzählen ihre Geschichte*, Köln 1996.

Der zerrissene Tausender

Website: »Tagesspiegel: Berlin ist ihre Bühne. Auf den Spuren der Ärzte und der Toten Hosen«; https://www.tagesspiegel.de/berlin/

auf-den-spuren-der-arzte-und-der-toten-hosen-6650230.html; abgerufen am 31.7.2023.

Website: »Rolling Stone: 40 Jahre Die Toten Hosen – Die Ärzte sorgen für historischen Moment in Düsseldorf«; https://www.rollingstone.de/40-jahre-die-toten-hosen-die-aerzte-duesseldorf-video-2466913/; abgerufen am 31.7.2023.

Website: »Die Toten Hosen: Bela B.«; https://www.dietotenhosen.de/magazin/bela-b; abgerufen am 31.7.2023.

Website: »B.Z.: Mit den Ärzten war es wie im Kalten Krieg«; https://www.bz-berlin.de/archiv-artikel/mit-den-aerzten-war-es-wie-im-kalten-krieg; abgerufen am 31.7.2023.

Oehmke, Philipp: *Die Toten Hosen. Am Anfang war der Lärm*, Hamburg 2014.

Mediathek-Video: »Nichts als die Wahrheit«; https://www.ardmediathek.de/video/Y3JpZDovL3N3ci5kZS9hZXgvbzE2Nzk5Mzg; abgerufen am 9.6.2023.

Website: »Stern: Ärzte-Interview – Wir sind sympathische Millionäre«; https://www.stern.de/kultur/musik/aerzte-interview--wir-sind-symphatische-millionaere--3519124.html; abgerufen am 31.7.2023.

Website: »Watson: Die Ärzte und Tote Hosen: Welche Chancen Campino einem gemeinsamen Song einräumt«; https://www.watson.de/unterhaltung/musik/853001312-campino-tote-hosen-ueberrascht-mit-aussage-ueber-die-aerzte; abgerufen am 31.7.2023.

Auf den Spuren von Jimi Hendrix

Website: »uDiscover Music: Zeitsprung: Am 16.10.1968 erscheint Hendrix' ›Electric Ladyland‹«; https://www.udiscover-music.de/platten/zeitsprung-am-16-10-1968-setzt-jimi-hendrix-mit-electric-ladyland-masstabe; abgerufen am 31.7.2023.

Website: »Rolling Stone: Jimi Hendrix's ›Electric Ladyland‹: 10 Things You Didn't Know«; https://www.rollingstone.com/feature/jimi-hendrix-experience-electric-ladyland-things-you-didnt-know-731924/; abgerufen am 31.7.2023.

Tweet: »Classic Rock In Pics: The Jimi Hendrix Experience in New York, 1967. Photo by Linda McCartney.«; https://twitter.com/crockpics/status/1424762402642464771; abgerufen am 31.7.2023.

Wikipedia-Seite: »Electric Ladyland«; https://en.wikipedia.org/wiki/Electric_Ladyland; abgerufen am 31.7.2023.

Wikipedia-Seite: »Reich & sexy«; https://de.wikipedia.org/wiki/Reich_%26_sexy; abgerufen am 31.7.2023.

Wikipedia-Seite: »Reich & sexy II«; https://de.wikipedia.org/wiki/Reich_%26_sexy_II; abgerufen am 31.7.2023.

Website: »Stern: Campino im Interview – Spaß am Krach«; https://www.stern.de/lifestyle/leute/campino-im-interview--spass-am-krach--3899952.html; abgerufen am 31.7.2023.

Die Toten Hosen mit Bertram Job: *Bis zum bitteren Ende ... Die Toten Hosen erzählen ihre Geschichte*, Köln 1996.

Jessen, Kai: *Die Toten Hosen – Für immer Punk*, München 1997.

Bankbesuch mit Papa

Wikipedia-Seite: »Campino«; https://de.wikipedia.org/wiki/Campino; abgerufen am 31.7.2023.

Website: »Spiegel: Punk in der BRD«; https://www.spiegel.de/geschichte/punk-in-der-brd-a-949071.html; abgerufen am 31.7.2023.

Website: »Westfälische Nachrichten: Campino spricht über das Verhältnis zu seinen Eltern«; https://www.wn.de/welt/leute/campino-spricht-uber-das-verhaltnis-zu-seinen-eltern-1394973?&npg; abgerufen am 31.7.2023.

Die Toten Hosen mit Bertram Job: *Bis zum bitteren Ende ... Die Toten Hosen erzählen ihre Geschichte*, Köln 1996.

Mediathek-Video: »SRF: 60 Jahre, 60 Fragen: Campino von Die Toten Hosen im Geburtstags-Interview«; https://www.srf.ch/play/tv/srf-3-musik/video/60-jahre-60-fragen-campino-von-die-toten-hosen-im-geburtstags-interview--srf-3?urn=urn:srf:video:e6c1b31c-d56b-46fa-b7c6-ef0859f756f5; abgerufen am 31.7.2023.

Haarige Angelegenheit

Website: »Die Toten Hosen: Annemie Meurer«; https://www.dietotenhosen.de/magazin/annemie-meurer; abgerufen am 29.7.2023.

Oehmke, Philipp: *Die Toten Hosen. Am Anfang war der Lärm*, Hamburg 2014.

Die Toten Hosen mit Bertram Job: *Bis zum bitteren Ende ... Die Toten Hosen erzählen ihre Geschichte*, Köln 1996.

Mediathek-Video: »Kölner Treff: Die Toten Hosen«; https://www.ardmediathek.de/video/Y3JpZDovL3dkci5kZS9CZWl0cmFnLWJiMzUxNDk5LTEyNzUtNGUzOS1hZTI0LWMxNTUzZTMyYzg5NA; abgerufen am 7.5.2023.

Volkshausschande

Facebook-Post: »SRF: Campino von Die Toten Hosen erinnert sich an die Schande vom Volkshaus 1990«; https://www.facebook.com/reel/560822048940376; abgerufen am 31.7.2023.

Website: »DTH-Live: 15.10.1990 Zürich, Volkshaus«; https://www.dth-live.de/freunde/index.php?thread/21418-15-10-1990-z%C3%BCrich-volkshaus/; abgerufen am 31.7.2023.

Mediathek-Video: »SRF: Campino erzählt, wie es zum Skandalkonzert 1990 in Zürich kam!«; https://www.srf.ch/radio-srf-3/musik/campino-erzaehlt-wie-es-zum-skandalkonzert-1990-in-zuerich-kam; abgerufen am 31.7.2023.

Oehmke, Philipp: *Die Toten Hosen. Am Anfang war der Lärm*, Hamburg 2014.

Die Toten Hosen mit Bertram Job: *Bis zum bitteren Ende ... Die Toten Hosen erzählen ihre Geschichte*, Köln 1996.

Website: »Die Toten Hosen – Tourarchiv: 1990 Auf dem Kreuzzug ins Glück«; https://www.dth-dta.de/en/1982-1990/tour/auf-dem-kreuzzug-ins-glueck/concerts/; abgerufen am 31.7.2023.

Wikipedia-Seite: »BMW European Indoors Zurich 1990«; https://de.wikipedia.org/wiki/BMW_European_Indoors_Zurich_1990; abgerufen am 31.7.2023.

Über den Durst

Mediathek-Video: »SRF: 60 Jahre, 60 Fragen: Campino von Die Toten Hosen im Geburtstags-Interview«; https://www.srf.ch/play/tv/srf-3-musik/video/60-jahre-60-fragen-campino-von-die-toten-hosen-im-geburtstags-interview--srf-3?urn=urn:srf:video:e6c1b31c-d56b-46fa-b7c6-ef0859f756f5; abgerufen am 31.7.2023.

Website: »Rolling Stone: Interview über Toten Hosen: Es ist kein Verrat, nüchtern auf die Bühne zu gehen«; https://www.rollingstone.de/toten-hosen-interview-weil-du-nur-einmal-lebst-1635967/2/; abgerufen am 31.7.2023.

Website: »Tag24: Kein Verrat, nüchtern auf die Bühne zu gehen: Toten-Hosen-Sänger Campino rührt keinen Alkohol an«; https://www.tag24.de/unterhaltung/promis/kein-verrat-nuechtern-auf-die-buehne-zu-gehen-tote-hosen-saenger-campino-ruehrt-keinen-alkohol-an-974626; abgerufen am 31.7.2023.

Website: »Frankfurter Rundschau: Campino im Interview – ›Ein bisschen Unvernunft geht völlig in Ordnung‹«; https://www.fr.de/

panorama/campino-toten-hosen-album-40-jahre-alles-aus-geburtstag-interview-91579557.html; abgerufen am 31.7.2023.

Fuß, Birgit: *Die Toten Hosen. 100 Seiten*, Ditzingen 2022.

Website: »tz: Campino will nicht mehr besoffen sein«; https://www.tz.de/stars/tote-hosen-star-campino-will-nicht-mehr-besoffen-sein-zr-536828.html; abgerufen am 31.7.2023.

Mediathek-Video: »SRF: Campino erzählt, wie es zum Skandalkonzert 1990 in Zürich kam!«; https://www.srf.ch/radio-srf-3/musik/campino-erzaehlt-wie-es-zum-skandalkonzert-1990-in-zuerich-kam; abgerufen am 31.7.2023.

YouTube-Video: »Radio Eins: Kuddel | DIE TOTEN HOSEN Backstage Talk«; https://www.youtube.com/watch?v=efmymYSWpHM; aufgerufen am 31.7.2023.

Learning English Lesson One

Die Toten Hosen mit Bertram Job: *Bis zum bitteren Ende ... Die Toten Hosen erzählen ihre Geschichte*, Köln 1996.

Oehmke, Philipp: *Die Toten Hosen. Am Anfang war der Lärm*, Hamburg 2014.

Jessen, Kai: *Die Toten Hosen – Für immer Punk*, München 1997.

Facebook-Post: »Die Toten Hosen: Foto von Johnny Thunders und Campino«; https://www.facebook.com/dietotenhosen/photos/a.447784813300/10158808174173301/; abgerufen am 31.7.2023.

Website: »uDiscover Music: Johnny Thunders – Zum Geburtstag einer Punk-Ikone«; https://www.udiscover-music.de/popkultur/johnny-thunders-zum-geburtstag-einer-punk-ikone; abgerufen am 31.7.2023.

Helau, Buenos Aires

Website: »uDiscover Music: Helau, Buenos Aires: Die erste Show der Toten Hosen in Argentinien«; https://www.udiscover-music.de/popkultur/helau-buenos-aires-die-erste-show-der-toten-hosen-in-argentinien/; abgerufen am 1.8.2023.

Website: »Süddeutsche Zeitung: Fans wie diese: Die Toten Hosen verliebt in Buenos Aires«; https://www.sueddeutsche.de/kultur/musik-fans-wie-diese-die-toten-hosen-verliebt-in-buenos-aires-dpa.urn-newsml-dpa-com-20090101-171001-99-277909; abgerufen am 1.8.2023.

Website: »Die Toten Hosen: 30 Jahre Die Toten Hosen & Argentinien«; https://www.dietotenhosen.de/magazin/aprendiendo-argentino-leccion-30; abgerufen am 1.8.2023.

Die Toten Hosen mit Bertram Job: *Bis zum bitteren Ende ... Die Toten Hosen erzählen ihre Geschichte*, Köln 1996.

Oehmke, Philipp: *Die Toten Hosen. Am Anfang war der Lärm*, Hamburg 2014.

Website: »Welt: Wie die Toten Hosen Argentinien erobern«; https://www.welt.de/kultur/article3646238/Wie-die-Toten-Hosen-Argentinien-erobern.html; abgerufen am 1.8.2023.

Skai, Hollow: *Die Toten Hosen. Populäre Irrtümer und andere Wahrheiten*, Essen 2022.

Website: »Frankfurter Allgemeine Zeitung: Hasta la muerte«; https://www.faz.net/aktuell/gesellschaft/menschen/die-toten-hosen-auf-tour-in-argentinien-hasta-la-muerte-15270016.html; abgerufen am 1.8.2023.

Viva la Cuba

Oehmke, Philipp: *Die Toten Hosen. Am Anfang war der Lärm*, Hamburg 2014.

Facebook-Post: »Die Toten Hosen: Die Toten Hosen in Kuba«; https://www.facebook.com/dietotenhosen/photos/a.447784813300/10158870943493301/; abgerufen am 1.8.2023.

Website: »Der Standard: ›Tote Hose in Kuba‹«; https://www.derstandard.at/story/588044/tote-hose-in-kuba; abgerufen am 1.8.2023.

Die Toten Hosen On Ice

Facebook-Post: »Die Toten Hosen: Powerplay des Wahnsinns«; https://www.facebook.com/dietotenhosen/photos/a.447784813300/10158198964143301/?type=3; abgerufen am 1.8.2023.

Skai, Hollow: *Die Toten Hosen. Populäre Irrtümer und andere Wahrheiten*, Essen 2022.

Website: »taz: Rock'n'Roll on Ice«; https://taz.de/Rock-n-Roll-on-Ice/!1501961/; abgerufen am 1.8.2023.

Jessen, Kai: *Die Toten Hosen – Für immer Punk*, München 1997.

Website: »Westdeutsche Zeitung: Alles aus Liebe: Die Toten Hosen und die DEG«; https://www.wz.de/nrw/duesseldorf/alles-aus-liebe-die-toten-hosen-und-die-deg_aid-25945221; abgerufen am 1.8.2023.

Website: »Welt: Wie die Toten Hosen die Düsseldorfer EG retten wollen«; https://www.welt.de/sport/wintersport/article13819931/Wie-die-Toten-Hosen-die-Duesseldorfer-EG-retten-wollen.html; abgerufen am 1.8.2023.

Website: »Sportbuzzer: Böser Streich: Rockband Toten Hosen bekleben Mannschaftsbus der Kölner Haie«; https://www.sportbuzzer.de/sportmix/boeser-streich-rockband-toten-hosen-bekleben-mannschaftsbus-der-koelner-haie-BD2C5645EEEFB3AB4B5C5AB423.html; abgerufen am 1.8.2023.

Website: »Ran: Düsseldorfer EG gegen Kölner Haie 19.10.2018«; https://www.ran.de/datenbank/eishockey/del/ma8775043/duesseldorfer-eg_koelner-haie/liveticker/; abgerufen am 1.8.2023.

Rote Rosen

Website: »Die Toten Hosen: Biographie – 80er«; https://www.dietotenhosen.de/band/biographie/80er; abgerufen am 1.8.2023.

Wikipedia-Seite: »Never Mind The Hosen – Here's Die Roten Rosen«; https://de.wikipedia.org/wiki/Never_Mind_The_Hosen_%E2%80%93_Here%E2%80%99s_Die_Roten_Rosen; abgerufen am 1.8.2023.

Jessen, Kai: *Die Toten Hosen – Für immer Punk*, München 1997.

Skai, Hollow: *Die Toten Hosen. Populäre Irrtümer und andere Wahrheiten*, Essen 2022.

Website: »Die Toten Hosen: Wir warten auf's Christkind«; https://www.dietotenhosen.de/diskographie/musik/wir-warten-aufs-christkind; abgerufen am 1.8.2023.

Wikipedia-Seite: »Wir warten auf's Christkind«; https://de.wikipedia.org/wiki/Wir_warten_auf%E2%80%99s_Christkind; abgerufen am 1.8.2023.

Website: »Die Toten Hosen: Biographie – 90er«; https://www.dietotenhosen.de/band/biographie/90er; abgerufen am 31.7.2023.

Wikipedia-Seite: »Die Toten Hosen – Diskografie«; https://de.wikipedia.org/wiki/Die_Toten_Hosen/Diskografie; abgerufen am 31.7.2023.

YouTube-Video: »die toten hosen – still, still, still«; https://www.youtube.com/watch?v=QXUgvKwT2YY; aufgerufen am 1.8.2023.

Ein ungleiches Paar

Oehmke, Philipp: *Die Toten Hosen. Am Anfang war der Lärm*, Hamburg 2014.

Wikipedia-Seite: »Opium fürs Volk«; https://de.wikipedia.org/wiki/Opium_f%C3%BCrs_Volk; abgerufen am 1.8.2023.

Website: »Rheinische Post: Campino zieht es ins Kloster«; https://rp-online.de/nrw/staedte/duesseldorf/campino-zieht-es-ins-kloster_aid-17106543; abgerufen am 1.8.2023.

Website: »SauerlandKurier: Campino ganz privat«; https://www.sauerlandkurier.de/hochsauerlandkreis/meschede/campino-ganz-privat-5774328.html; abgerufen am 1.8.2023.

Website: »Spiegel: Tote Hosen als Vertretungslehrer – Hey, hier kommt Jesus«; https://www.spiegel.de/lebenundlernen/schule/tote-hosen-als-vertretungslehrer-hey-hier-kommt-jesus-a-591926.html; abgerufen am 1.8.2023.

Bayern

Website: »Die Toten Hosen: Biographie – 90er«; https://www.dietotenhosen.de/band/biographie/90er; abgerufen am 31.7.2023.

Website: »Spiegel: Ach das noch! – Tote Hosen veräppeln die Bayern«; https://www.spiegel.de/sport/fussball/achtung-polemik-ach-das-noch-tote-hosen-veraeppeln-die-bayern-a-55926.html; abgerufen am 1.8.2023.

Skai, Hollow: *Die Toten Hosen. Populäre Irrtümer und andere Wahrheiten*, Essen 2022.

Website: »Spiegel: Locker aus dem Bauch raus«; https://www.spiegel.de/panorama/locker-aus-dem-bauch-raus-a-351a61ea-0002-0001-0000-000015275188?context=issue; abgerufen am 1.8.2023.

Website: »n-tv: Als die Toten Hosen Uli Hoeneß reizten«; https://www.n-tv.de/sport/fussball/redelings_nachspielzeit/Als-die-Toten-Hosen-Uli-Hoeness-reizten-article21604476.html; abgerufen am 1.8.2023.

Website: »Bild: Die Tote Hosen loben den FC Bayern und singen über Uli Hoeneß«; https://www.bild.de/regional/muenchen/toten-hosen/tote-hosen-olympiahalle-54257110.bild.html; abgerufen am 1.8.2023.

Website: »Abendzeitung München: Hoeneß und der umgedrehte Campino«; https://www.abendzeitung-muenchen.de/sport/fcbayern/hoeness-und-der-umgedrehte-campino-art-113834; abgerufen am 1.8.2023.

Website: »11 Freunde: Jeremies sang unser Bayern-Lied am lautesten«; https://11freunde.de/artikel/jeremies-sang-unser-bayern-lied-am-lautesten/600361; abgerufen am 1.8.2023.

Website: »DFB: Bisherige Bundesliga-Meister«; https://www.dfb.de/bundesliga/statistik/bisherige-meister/; abgerufen am 1.8.2023.

Website: »DFB: Bisherige DFB-Pokal-Sieger«; https://www.dfb.de/dfb-pokal/statistik/bisherige-sieger/; abgerufen am 1.8.2023.

Website: »DFB: Bisherige Sieger der Champions League der Männer«; https://www.dfb.de/champions-league-der-maenner/statistik/bisherige-sieger/; abgerufen am 1.8.2023.

Mit geschwellter Brust

Wikipedia-Seite: »Fortuna Düsseldorf«; https://de.wikipedia.org/wiki/Fortuna_D%C3%BCsseldorf; abgerufen am 1.8.2023.

Website: »Frankfurter Allgemeine Zeitung: ›Tote Hosen‹ steigen mit Million bei Fortuna Düsseldorf ein«; https://www.faz.net/aktuell/sport/fussball-tote-hosen-steigen-mit-million-bei-fortuna-duesseldorf-ein-124221.html; abgerufen am 1.8.2023.

Website: »Spiegel: Iron Maiden wird Trikotsponsor bei West Ham United«; https://www.spiegel.de/sport/fussball/iron-maiden-werden-trikotsponsor-bei-west-ham-united-a-1299004.html; abgerufen am 1.8.2023.

Die Toten Hosen mit Bertram Job: *Bis zum bitteren Ende ... Die Toten Hosen erzählen ihre Geschichte*, Köln 1996.

Skai, Hollow: *Die Toten Hosen. Populäre Irrtümer und andere Wahrheiten*, Essen 2022.

Website: »BBC: Sir Elton John wants to get more involved with Watford FC again«; https://www.bbc.com/news/uk-england-beds-bucks-herts-62050684; abgerufen am 1.8.2023.

Website: »Irish Examiner: Motorhead sponsor U10s football team«; https://www.irishexaminer.com/lifestyle/arid-30285305.html; abgerufen am 1.8.2023.

Website: »Die Toten Hosen: F95 x DTH – Alles aus Liebe«; https://www.dietotenhosen.de/magazin/f95-x-dth-alles-aus-liebe; abgerufen am 1.8.2023.

Website: »Fortuna Düsseldorf: ›Alles aus Liebe‹ – Fortuna und Die Toten Hosen präsentieren gemeinsames Trikot«; https://www.f95.de/aktuell/news/verein/detail/24816-alles-aus-liebe-fortuna-und-die-toten-hosen-praesentieren-gemeinsames-trikot/; abgerufen am 1.8.2023.

Urban Jungle

Website: »Die Toten Hosen: Biographie – 90er«; https://www.dietotenhosen.de/band/biographie/90er; abgerufen am 31.7.2023.

Oehmke, Philipp: *Die Toten Hosen. Am Anfang war der Lärm*, Hamburg 2014.

Die Toten Hosen mit Bertram Job: *Bis zum bitteren Ende ... Die Toten Hosen erzählen ihre Geschichte*, Köln 1996.

Facebook-Post: »Die Toten Hosen: Die Toten Hosen und die Rolling Stones«; https://www.facebook.com/dietotenhosen/photos/a.447784813300/10157990188218301/; abgerufen am 1.8.2023.

It's a long way to the top

Website: »AC/DC: Tour History – Fri. 13 Oct. 1978 : Hamburg, Germany (Audimax)«; https://www.ac-dc.net/archive/acdc_tour_history.php?date_id=1118; abgerufen am 1.8.2023.

Website: »Frankfurter Rundschau: Lieder wie Schläge ins Gesicht«; https://www.fr.de/panorama/lieder-schlaege-gesicht-11534272.html; abgerufen am 1.8.2023.

Wikipedia-Seite: »List of AC/DC members«; https://en.wikipedia.org/wiki/List_of_AC/DC_members; abgerufen am 1.8.2023.

Website: »Spiegel: Tote Hosen freuen sich auf AC/DC«; https://www.spiegel.de/kultur/musik/tote-hosen-freuen-sich-auf-ac-dc-a-137813.html; abgerufen am 1.8.2023.

YouTube-Video: »Die Toten Hosen AC/DC 2001 Interview Viva zwei Angus Young Campino«; https://www.youtube.com/watch?v=CNKPwJBtlH4; aufgerufen am 1.8.2023.

Website: »Die Toten Hosen – Tourarchiv: 2001 Einzelgigs, Festivals & Support«; https://www.dth-dta.de/de/2001-2010/tour/einzelgigs-festivals-support; abgerufen am 1.8.2023.

Friss oder stirb

Kloos, Stefan (Regie): *Friss oder stirb*, MTV Germany, JKP, Deutschland 2004.

Bruchlandung

Mediathek-Video: »Radio Bremen 3nach9: Campino über Aquagymnastik und Intervallfasten statt Sex, Drugs & Rock'n'Roll«; https://www.ardmediathek.de/ard/player/Y3JpZDovL3JhZGlvYnJlbWVuLmRlL2Q2OTBmNmQ4LTUyOGQtNDJjYS1hZGIxLTQzOTRhOGNkMTUxNg; abgerufen am 7.5.2023.

Website: »Die Toten Hosen – Tourarchiv: 01.03.1985, Aurich, Schlachthof«; https://www.dth-dta.de/de/1982-1990/tour/unter-falscher-flagge/concert/1985-03-01-aurich-schlachthof; abgerufen am 1.8.2023.

Website: »Die Toten Hosen – Tourarchiv: 03.08.2002, Aurich, 3. Auricher Open Air«; https://www.dth-dta.de/de/?option=com_dthdta&view=concert&concertid=683&tour=&Itemid=0; abgerufen am 1.8.2023.

Fan-Leidenschaft

Website: »uDiscover Music: Eine Bonbonschlacht, eine entweihte Kirche und ein 30-Sekunden-Konzert: 5 Anekdoten, die nur aus dem Leben von Campino stammen können«; https://www.udiscover-music.de/popkultur/eine-bonbonschlacht-eine-entweihte-kirche-und-ein-30-sekunden-konzert-5-anekdoten-die-nur-aus-dem-leben-von-campino-stammen-konnen; abgerufen am 1.8.2023.

Website: »Kicker: FC Chelsea gegen FC Liverpool 30.4.2008«; https://www.kicker.de/chelsea-gegen-liverpool-2008-champions-league-850795/ticker; abgerufen am 1.8.2023.

Website: »Welt: Campino bricht sich den Fuß – wegen Fußball«; https://www.welt.de/kultur/article1972646/Campino-bricht-sich-den-Fuss-wegen-Fussball.html; abgerufen am 1.8.2023.

YouTube-Video: »Die Toten Hosen // Mehr davon – Hals und Beinbruch Live bei Rock am Ring 2008«; https://www.youtube.com/watch?v=YAMYmf9ZIpI; aufgerufen am 1.8.2023.

YouTube-Video: »Die Toten Hosen – Live Rock am Ring am 8.6.2008«; https://www.youtube.com/watch?v=qmGQi8-IKBw&t=5978s; aufgerufen am 1.8.2023.

Website: »Westfälische Rundschau: Campinos Konzert mit dem Gipsfuß«; https://www.wr.de/wr-info/campinos-konzert-mit-dem-gipsfuss-id1836563.html; abgerufen am 1.8.2023.

Website: »Kicker: Blitzstarter Salah und Joker Origi: Liverpool ist Champions-League-Sieger«; https://www.kicker.de/tottenham-gegen-liverpool-2019-champions-league-4569968/analyse; abgerufen am 1.8.2023.

Zwei Welten

YouTube-Video: »›Campino in west.art – Vorschau zu Deutschland, deine Künstler‹«; https://www.youtube.com/watch?v=Es8DIZV9NWU; aufgerufen am 1.8.2023.

Website: »Die Toten Hosen: Andreas Frege«; https://www.dietoten hosen.de/magazin/campino; abgerufen am 1.8.2023.

Website: »GQ Magazin: Campino – Für immer Punk«; https://www.gq-magazin.de/unterhaltung/tv-serien-filme-musik/campino-fuer-immer-punk; abgerufen am 1.8.2023.

Website: »Genios: Express – Inhaltsverzeichnis vom 19.11.2014«; https://www.genios.de/presse-archiv/inhalt/EXPR/20141119/1/express.html; abgerufen am 1.8.2023.

Website: »Fernsehserien.de: Alfredissimo – Campino & Kuddel«; https://www.fernsehserien.de/alfredissimo/folgen/campino-und-kuddel-1127520; abgerufen am 1.8.2023.

Tage wie diese

Oehmke, Philipp: *Die Toten Hosen. Am Anfang war der Lärm*, Hamburg 2014.

Website: »Die Toten Hosen: Tage wie diese«; https://www.dietotenho sen.de/diskographie/songs/tage-wie-diese; abgerufen am 1.8.2023.

Wikipedia-Seite: »Tage wie diese«; https://de.wikipedia.org/wiki/Tage_wie_diese; abgerufen am 1.8.2023.

Mediathek-Video: »SRF: 40 Jahre Die Toten Hosen: Campino im grossen Interview«; https://www.srf.ch/play/tv/srf-3-musik/video/40-jahre-die-toten-hosen-campino-im-grossen-interview?urn=urn:srf:video:4daf9412-6276-4e1b-9247-e25a1b6511de; abgerufen am 1.8.2023.

Website: »SWR3: Anastacia überrascht: Sie covert die Toten Hosen!«; https://www.swr3.de/musik/news/anastacia-cover-die-toten-hosen-tage-wie-diese-best-days-100.html; abgerufen am 1.8.2023.

Website: »Spiegel: Campino begeistert über Anastacias Version von ›Tage wie diese‹«; https://www.spiegel.de/kultur/musik/die-toten-hosen-campino-lobt-anastacias-version-von-tage-wie-diese-a-56dfb520-dbff-40d3-b22b-849fb583a251; abgerufen am 1.8.2023.

Website: »Schlagerprofis: Helene Fischer – Sie bekam keine Freigabe der Toten Hosen, ›Tage wie diese‹ zu veröffentlichen – Anastacia schon«; https://schlagerprofis.de/helene-fischer-sie-bekam-keine-freigabe-der-toten-hosen-tage-wie-diese-zu-veroeffentlichen-anastacia-schon/; abgerufen am 1.8.2023.

Anruf von Angela

Website: »HNA: Lied auf CDU-Party – Jetzt spotten die Toten Hosen«; https://www.hna.de/politik/lied-tage-diese-cdu-party-jetzt-spotten-toten-hosen-zr-3130010.html; abgerufen am 1.8.2023.

Website: »Welt: Merkel entschuldigt sich bei Tote-Hosen-Sänger Campino«; https://www.welt.de/newsticker/news1/article134396444/Merkel-entschuldigt-sich-bei-Tote-Hosen-Saenger-Campino.html; abgerufen am 1.8.2023.

Wikipedia-Seite: »Tage wie diese«; https://de.wikipedia.org/wiki/Tage_wie_diese; abgerufen am 1.8.2023.

Website: »SWR: CDU covert Die Toten Hosen – Tage wie Diese«; https://www.swr.de/swr1/bw/musik/cdu-feiert-wahlsieg-tage-wie-diese-100.html; abgerufen am 1.8.2023.

Wikipedia-Seite: »Bundestagswahl 2013«; https://de.wikipedia.org/wiki/Bundestagswahl_2013; abgerufen am 1.8.2023.

Website: »Spiegel: Herr Campino, wir sind auf Ihrem Lied herumgetrampelt«; https://www.spiegel.de/politik/deutschland/anruf-von-merkel-bei-campino-wegen-tage-wie-diese-a-1003172.html; abgerufen am 1.8.2023.

Oehmke, Philipp: *Die Toten Hosen: Am Anfang war der Lärm*, Hamburg 2014.

Punkdiplomatie

Website: »Spiegel: Spiegel Spezial 02/1994 – Pop & Politik: Zuviel von dem Kirsch-Whisky – Tote-Hosen-Sänger Campino interviewt Jugendministerin Angela Merkel«; https://archive.ph/20140328015910/http://www.spiegel.de/spiegel/spiegelspecial/d-52691500.html; abgerufen am 1.8.2023.

Premiere in China

Website: »Die Toten Hosen: Die Toten Hosen in China«; https://www.dietotenhosen.de/en/tour/die-toten-hosen-in-china; abgerufen am 1.8.2023.

Website: »Tagesspiegel: Die Toten Hosen in China«; https://www.tagesspiegel.de/kultur/campino-da-gehst-du-raus-und-gibst-dir-doppelt-muhe-5680009.html; abgerufen am 1.8.2023.

Website: »Musikexpress: China zensiert Songs der Toten Hosen«; https://www.musikexpress.de/china-zensiert-songs-der-toten-hosen-1048553/; abgerufen am 1.8.2023.

Website: »Yugong Yishan Festival 2018«; http://www.yugongyishan.com/festival/index-en.html; abgerufen am 1.8.2023.

Website: »Setlist.fm: Die Toten Hosen Setlist at New Great Wall Valley, Beijing, China«; https://www.setlist.fm/setlist/die-toten-hosen/2018/new-great-wall-valley-beijing-china-33ec743d.html; abgerufen am 1.8.2023.

Website: »Die Toten Hosen: Die Toten Hosen in China – Hong Kong«; https://www.dietotenhosen.de/videos/die-toten-hosen-in-china-hong-kong; abgerufen am 1.8.2023.

Website: »Setlist.fm: Die Toten Hosen Setlist at Kowloonbay International Trade & Exhibition Centre, Kowloon, Hong Kong SAR China«; https://www.setlist.fm/setlist/die-toten-hosen/2018/new-great-wall-valley-beijing-china-33ec743d.html; abgerufen am 1.8.2023.

Website: »Kicker: FC Liverpool gegen AS Rom 24.4.2018«; https://www.kicker.de/liverpool-gegen-roma-2018-champions-league-4212016/spielinfo; abgerufen am 1.8.2023.

Wikipedia-Seite: »Happy Valley Racecourse«; https://en.wikipedia.org/wiki/Happy_Valley_Racecourse; abgerufen am 1.8.2023.

Philip

Website: »Presseportal / Rheinische Post: Campino hat in New York geheiratet«; https://www.presseportal.de/pm/30621/4724574; abgerufen am 1.8.2023.

Website: »Bunte: Campino – Heimliche Heirat des Toten-Hosen-Stars«; https://www.bunte.de/stars/stars-die-liebe/star-hochzeiten/campino-heimliche-heirat-des-toten-hosen-stars.html; abgerufen am 1.8.2023.

Campino: *Hope Street. Wie ich einmal englischer Meister wurde*, München 2020.

Fuß, Birgit: *Die Toten Hosen. 100 Seiten*, Ditzingen 2022.

Mediathek-Video: »SRF: 60 Jahre, 60 Fragen: Campino von Die Toten Hosen im Geburtstags-Interview«; https://www.srf.ch/play/tv/srf-3-musik/video/60-jahre-60-fragen-campino-von-die-toten-hosen-im-geburtstags-interview--srf-3?urn=urn:srf:video:e6c1b31c-d56b-46fa-b7c6-ef0859f756f5; abgerufen am 1.8.2023.

Bis zum bitteren Ende

Fuß, Birgit: *Die Toten Hosen. 100 Seiten*, Ditzingen 2022.

Oehmke, Philipp: *Die Toten Hosen. Am Anfang war der Lärm*, Hamburg 2014.

Website: »Die Toten Hosen: Shop – Bio-Urne Bis zum bitteren Ende«; https://shop.dietotenhosen.de/index.php/n.212/l.1722/; abgerufen am 1.8.2023.

Website: »Rheinische Post: Das Sondergrab der Toten Hosen«; https://rp-online.de/nrw/staedte/duesseldorf/das-sondergrab-der-toten-hosen_aid-17674523; abgerufen am 1.8.2023.

Website: »Der Westen: ›Die Toten Hosen‹ – Campino gibt kuriosen Plan preis – So möchte er später beerdigt werden«; https://www.derwesten.de/panorama/promi-tv/die-toten-hosen-campino-beerdigung-grab-konzert-tour-2022-tickets-id233230689.html; abgerufen am 1.8.2023.